Karl Valentin

Mögen hätt ich schon wollen, aber dürfen hab ich mich nicht getraut!

SERIE PIPER

Zu diesem Buch

Daß Karl Valentin zu den größten komischen Begabungen dieses Jahrhunderts gerechnet werden muß, ist schon seit Jahren unbestritten. Dieser Band versammelt die schönsten Monologe, Dialoge, Szenen und Verse des Münchner Originalgenies, die exemplarisch für die jeweiligen Gattungen stehen und die Vielfalt literarischer Ausdrucksformen spiegeln, deren sich Valentin bediente. An bekannten wie unbekannten, weil hier erstmals aus dem Nachlaß gedruckten Texten zeigt sich Valentins einzigartige Artistik im listenreichen Umgang mit den Tücken der Sprache und den Tücken der Welt. Valentins Komik jagt ständig verbalen und gestischen Verständigungshilfen nach, die sich verflüchtigen, sobald sich die Sprache ihrer bemächtigen will. So stellt diese Textauswahl Karl Valentin als einen der bedeutendsten Autoren des Komischen, Grotesken und Absurden im 20. Jahrhundert vor.

Helmut Bachmaier, geboren 1946 in Stuttgart, ist Herausgeber der im Piper Verlag erscheinenden Gesamtausgabe der Werke Karl Valentins. Er ist als Professor in der Fachgruppe Literaturwissenschaft der Universität Konstanz tätig.

Karl Valentin

Mögen hätt ich schon wollen, aber dürfen hab ich mich nicht getraut!

Das Beste aus seinem Werk

Herausgegeben und mit einem Nachwort
von Helmut Bachmaier

Piper München Zürich

Von Karl Valentin liegen in der Serie Piper außerdem vor:
Das Valentin-Buch (370)
Die Jugendstreiche des Knaben Karl (458)
Ich hätt geküßt die Spur von Deinem Tritt. Musik-
clownerien (863)
Kurzer Rede langer Sinn. Texte von und über Karl Valentin (907)
Klagelied einer Wirtshaussemmel (995)
Karl Valentins Filme (996)
I sag gar nix. Dös wird man doch noch sagen
dürfen! Politische Sketche (1783)
Die alten Rittersleut. Szenen und Couplets (2027)

Originalausgabe
1. Auflage September 1990
3. Auflage Februar 1996

Umschlag: Büro Hamburg
Simone Leitenberger, Susanne Schmitt
Umschlagfoto: Piper Archiv
Gesamtherstellung: Clausen & Bosse, Leck
Printed in Germany ISBN 3-492-21162-3

Inhalt

Monologe und Narrenreden

Dialoge und Streitgespräche

Szenen und Minidramen

Couplets und Nonsensverse

Monologe und Narrenreden

Das Aquarium

Weil wir grad vom Aquarium redn, ich hab nämlich früher – nicht im Frühjahr – früher in der Sendlinger Straße gwohnt, nicht *in* der Sendlinger Straße, das wär ja lächerbar, *in* der Sendlinger Straße könnt man ja gar nicht wohnen, weil immer die Straßenbahn durchfährt, in den Häusern hab ich gwohnt in der Sendlinger Straße. Nicht in allen Häusern, in einem davon, in dem, das zwischen den andern so drin steckt, ich weiß net, ob Sie das Haus kennen. Und da wohn ich, aber nicht im ganzen Haus, sondern nur im ersten Stock, der ist unterm zweiten Stock und ober dem Parterre, so zwischen drin, und da geht in den zweiten Stock eine Stiege nauf, die geht schon wieder runter auch, die Stiege geht nicht nauf, wir gehn auf die Stiege nauf, man sagt halt so.

Und da hab ich, in dem Wohnzimmer, wo ich schlaf, ich hab ein extra Wohnzimmer, wo ich schlaf, und im Schlafzimmer wohn ich, und im Wohnzimmer hab ich zu meinem Privatvergnügen ein Aquarium, das steht so im Eck drin, das paßt auch wunderschön in das Eck hinein.

Ich hätt ja so ein rundes Aquarium auch haben können, dann wär das Eck halt nicht ausgefüllt. Das ganze Aquarium ist nicht größer als so *(zeigend)*, sagn wir, das sind die zwei Glaswände – das sind meine Hände, ich erklär's Ihnen nur, daß Sie 's besser verstehn –, und das sind auch zwei Wände, und unten is der Boden, der 's Wasser haltet, damit 's Wasser nicht unten wieder durchläuft, wenn man oben eines hineinschüttet. Wenn der Boden nicht wär, da dürfen Sie oben zehn, zwanzig, dreißig Liter neinschütten, das tät alles wieder unten durchrinnen. Bei einem Vogelhaus ist das ganz etwas anderes.

Bei einem Vogelhaus sind die Wände auch so ähnlich wie bei einem Aquarium, nur sind die beim Vogelhaus nicht aus Glas, sondern aus Draht. Das wär natürlich ein großer Unsinn, wenn das bei einem Aquarium auch so wär, weil dann das Aquarium 's Wasser nicht halten könnt, da rinnet 's Wasser immer neben dem Draht heraus. Drum is eben alles von der Natur so wunderbar eingrichtet. Ja, und ich hab eben in dem Aquarium Goldfisch drin, und im Vogelhaus hab ich einen Vogel; jetzt hat mich neulich einmal die Dummheit plagt, hab ich die Goldfisch ins Vogelhaus und den Kanarienvogel ins Aquarium getan.

Natürlich sind die Goldfisch im Vogelhaus immer wieder vom Stangl runtergrutscht, und der Kanarienvogel wär mir im Aquarium bald ersoffen, dann hab ich wieder die ganze Gschicht beim alten lassen und hab den Vogel wieder ins Vogelhaus und die Goldfisch wieder ins Aquarium getan, wo s' hingehören.

Jetzt sind die Fisch wieder lustig im Aquarium umhergeschwommen, zuerst so nüber, dann so nunter, die schwimmen fast jeden Tag anders. Vorgestern ist mir nun ein Malheur passiert, ich hab gsehn, daß die Fisch mehr Wasser brauchen, und hab einen Wassereimer voll nachgfüllt, derweil war das zuviel, jetzt ist das Wasser so hoch *(zeigend)* über das Aquarium herausgstandn, das hab ich aber erst den andern Tag bemerkt, und ein Goldfisch ist über den Rand nausgschwommen und ist am Boden nuntergfallen, weil wir in dem Zimmer, wo das Aquarium steht, habn wir unten einen Boden, und da ist er dann dortglegn, aber erst, wie er 's Fallen aufghört hat.

Jetzt hat aber der Fisch am Boden kein Wasser ghabt, weil wir so außer im Aquarium habn wir weiter kein Wasser im Zimmer.

Dann hat meine Hausfrau gsagt: »Sie werden sehn, der Fisch wird am Boden drunt kaputt, es ist das beste, Sie bringen den Fisch um.« Daß er nicht so lang leiden muß, hab ich mir gedacht, mit'n Hammer erschlagn? Schließlich haust dich aufn Finger, also erschieß ich ihn. Dann hab ich mir aber gedacht: Schließlich triffst ihn nicht recht, dann muß er erst recht leiden, da ist's schon gscheiter, hab ich gsagt, ich nehm den Fisch und trag ihn in die Isar und tu ihn ertränken.

Ich bin ein armer magerer Mann

Ach, es ist doch schrecklich gwiß,
Wenn der Mensch recht mager ist;
Ich bin mager, welche Pein,
Mager wie ein Suppenbein.

Was muß ich denn verbrochen haben, daß mich die Natur gar so grauslich zsammgricht hat. – Ich versteh das nicht, in unserer Familie kann das unmöglich liegen, denn mein Vater wiegt über drei

Zentner, meine Mutter über zwei Zentner, und meine Schwester hat einen Bahnexpeditor geheiratet, und gerade ich muß so mager sein. Ja, jetzt tut's es ja noch, aber früher solln S' mich gsehn habn, gleich nach der Geburt, da hab ich ausgschaut wie a Salami. – Darum hab ich auch als kleines Kind keine Wiege gebraucht, mich hat meine Mutter ganz einfach in einen Lampenzylinder neingsteckt und mich am Tisch umhergewalkerlt, so mager war ich. – Und trotzdem ist mein Vater stolz auf mich, der mag die fetten Kinder selber nicht, und grad deshalb, weil ich so mager bin, drum *mag er* mich so gern. Er sagt, Vetter kann ich immer noch werdn, wenn amal mei Schwester heirat. Einmal bin ich in einem Kaffeehaus an einem Billard dortglehnt, und weil ich so mager bin und weil ich am Billard dortglehnt bin, jetzt hat einer glaubt, ich bin der Billardmager. –

Aber die größte Gaudi war das, wie ich zur Musterung gehen hab müssen, also habn die da drobn a Gaudi ghabt, wie s' mich gsehn haben. – Net, und ich hab doch, wenn ich auszogen bin, so Rippen da rüber, quer rüber, mich hat halt früher meine Mutter zum Meerrettichreiben hergnommen. – Kurz und gut, wie die mich gsehn habn, habn 's gsagt: Ja, Kerl, Sie kommen ja daher wie a Bahnwärterhäusl aus Wellblech. – Aber trotzdem daß ich so gebaut war, habn s' mich nicht gnommen zu den Soldaten, nicht amal zum Militär habn s' mich brauchen können.

Natürlich bin ich auch furchtbar leicht; wenn ich zum Beispiel in einem Restaurant sitz, und da Wirt reibt an Ventilator auf, da muß ich mich immer am Tisch anbinden, daß's mich net ins Röhrl neizieht. – Dann hat amal einer zu mir gsagt: »Sie sind doch wirklich a gräuslicher Kerl, Sie können Ihnen jetzt schon in der Anatomie verkaufen«; dann bin ich auch hingegangen zu dem Anatomieprofessor und hab mich offeriert, nun hat er gsagt: »Was verlangen S' denn für Ihnen?« – »Ja«, sag ich, »unter achtzig Mark kann ich mich nicht hergeben, weil auf fünfzig Mark komm ich mich ja selbst.« – »Ja«, sagt der Herr Professor, »wie können Sie das behaupten, daß Sie fünfzig Mark wert sind?« – »Ja«, sag i, »ich hab mich kürzlich ausgezogen und hab meine Knochen so abgegriffen, und da hab ich rausgefunden, daß ich fünfzig Knochen hab, und weil ich in jedem Knochen *a Mark* hab, bin ich fünfzig Mark wert.« –

Dann hab ich amal was glesen von einem Leichenverbrennungsverein, denk ich mir, da gehst auch hin und laßt dich amal verbrennen, wennst gstorbn bist: dann bin ich auch hingegangen und hab den Leichenverbrennungsvorstand gfragt, ob das überhaupt geht bei mir. Dann hat er mich angschaut und hat gsagt: »Ja, Sie sind ja schon arg dürr, Ihnen müß ma immer zuerst mit zehn Pfund Schweinsfett einreibn, daß S' überhaupt brennen, und zweitens kommt's bei Ihnen bedeutend teurer.« – »Ja«, sag ich, »warum denn grad bei mir?« – »Ja«, sagt er, »weil ma bei Ihnen im Verbrennungsofen drin an neuen Rost brauchen, weil Sie durch den jetzigen unbedingt durchrutschen würden.« –

Und trotzdem ist die Magerkeit mein Lebensretter, denn wie ich einmal in Afrika war bei den Kannibalen, da habn mich die Menschenfresser erwischt und habn mich braten wollen. Da habn s' a Feuer gmacht und habn mich auszogen – wie mich die auszogen gsehn habn, sind s' alle davonglaufen, weil's denen graust hat vor mir, und mein Leben war gerettet.

Die Uhr von Loewe

Gestatte mir, Ihnen die Ballade Die Uhr von Loewe vorzutragen mit Zitherbegleitung. Ich begleite mich selbst. Gott sei Dank kann ich mich selbst begleiten. Neulich hab ich mich selbst nach Hause begleitet, das hat furchtbar dumm ausgschaut, wie ich so allein neben mir gegangen bin. – Die Uhr von Loewe – aber die Hauptsache ist eben, daß man sich selbst begleiten kann, da bin ich meinem Vater noch dankbar, daß er mich so streng musikalisch erzogen hat. Ich hab als Kind zu Haus nur mit der Stimmgabel essen dürfen, gschlagen hat mich mein Vater nach Noten. – 's Schönste war, wie mir mei Vater 's Zitherspieln lernen hat lassen, da hat er mir eine ganz alte Zither gekauft, bei einem Tändler um zwei Mark, auf dieser Zither war keine einzige Saiten mehr drauf, also nicht amal a einzige, aber mei Vater hat gsagt, zum Lernen tut's die auch. – Die Uhr von Loewe. Ich schicke voraus, daß der Loewe kein Uhrmacher war, sondern Komponist. Die Uhr von Loewe. Sehn Sie, weil wir grad von einer Uhr reden, mein Urgroßvater, der lebt nämlich noch, und dem habn 's vor vierzehn Tag d' Uhr gstohln, und durch den Diebstahl is er jetzt wieder jünger geworden, denn jetzt is er wieder

Großvater. – Die Uhr von Loewe. Ich hab auch amal was Dummes erlebt mit einer Uhr. Da hab ich mir bei einem Uhrmacher eine Taschenuhr gekauft, mit dieser Uhr bin ich drei Wochen rumgelaufen und hab nicht gewußt, wieviel Uhr daß is, weil kein Zifferblatt dran war und keine Zeiger, koane Zeiger, keine Zoager net, und das ist doch die Hauptsach von einer Uhr. Aus lauter Wut, weil ich mich mit dieser Uhr nicht ausgekannt hab, hab ich die Taschenuhr an d' Wand hingschmissen, hab ich mir gedacht, vielleicht wird dann wenigstens eine Wanduhr draus, daweil hab ich s' zu tausend Scherbn gschmissen, und unter die Scherben hab ich rausgefunden, daß ein Zifferblatt dabei war und Zeiger auch, aber jedenfalls war das innen drin. Dann bin ich aber sofort zu dem Uhrmacher hin und hab ihm alles gsagt. »Ja«, sagt der, »da hätten Sie doch bloß den Sprungdekkel aufmachen solln.« – »So«, sag ich, »das sagen Sie mir jetzt, weil ich die Uhr daworfen hab.« – Die Uhr von Loewe. Und über den Uhrmacher, sehn S', da hab ich heut noch eine Wut, weil er mir das nicht gsagt hat mit dem Sprungdeckel. Dann hab ich mir aus Rache bei ihm eine wirkliche Wanduhr gekauft, so a altmodische mit Ketten und Perpendikel, hab mir mit einem Hammer einen kleinen Nagel in die Brust geschlagen und die Uhr hingehängt. Ich sag Ihnen, da wäre ich bald wahnsinnig geworden. Wie ich das erstemal mit dieser Wanduhr spazierengegangen bin, sind mir immer die Gewichte zwischen d' Füß neinkommen – und der Nagel hat mir weh getan. – Die Uhr von Loewe: Ich trage, wo ich gehe, stets eine Uhr bei mir, wieviel... Sehn S', wenn man's richtig nimmt, paßt eigentlich diese Ballade gar nicht für Zitherbegleitung, weil es heißt, ich trage, wo ich gehe, stets eine Uhr bei mir, ich geh aber jetzt nicht, ich sitz ja, und zweitens hab ich gar keine Uhr, die hab ich versetzt.

Hochgeehrtes Auditorium – nachdem ich unterm Zitherspielen nicht gehen kann und außerdem meine Uhr versetzt hab, ist es mir leider nicht möglich, Ihnen die Uhr von Loewe zum Vortrag zu bringen.

Im Gärtnertheater

Ich weiß nicht mehr genau, war es gestern, oder war's im vierten Stock oben, da bin ich mit meiner Mutter ins Gärtnertheater gegangen. Wir haben zwei Billetten ghabt, eins hab ich ghabt und 's andere sie, und die zwei Billetten haben wir zusammengetan, und mit diesen *zwei* Billetten sind wir zu *einer* Vorstellung gangen.

Wir hätten uns zuerst bald nicht hineintraut, weil wir glaubt habn, ins Gärtnertheater dürfen nur die Gärtner hinein, wir haben aber vorsichtshalber in einem Auskunftsbüro telefonisch angfragt, und da hat's dann gheißen »Ja«, dann waren wir wenigstens sicher, daß wir uns nicht umsonst anzogen habn – weil wir unanzogn nicht ins Theater hineingangen wären.

Kaum sind wir drin gsessen – is's noch lang net angangen, da habn wir uns gedacht, jetzt wartn wir schon, bis es angeht, wenn wir schon positiv das Theaterstück sehen wollen, denn wegen dem Theaterstück sind wir hauptsächlich hineingegangen. No, wie wir so a halbe Stund drinsitzen, auf einmal – geht's noch nicht an. Ja, habn wir uns gedacht, wir zahln doch nicht fürs »noch net angehn«.

Auf einmal sind die Musiker hereinkommen, die habn sich gleich vorn an die Bühne hingsetzt, daß sie ja alles recht gut sehn und hörn, die andern Leut, wo zahln und 's Jahr vielleicht einmal ins Theater neinkommen, die dürfen sich hint hinsetzen.

Endlich is dann 's Theaterstück selbst angangen, jetzt das hat uns eigentlich weniger interessiert, weil's uns der Vater zu Haus schon erzählt hat, gehn habn wir aber auch nicht gleich wieder wolln, wenn wir schon extra deswegen hergangen sind.

Nach dem ersten Akt ist eine Pause gekommen, während der Pause haben sie überhaupt nicht gspielt, da is der Vorhang runtergangen, dann habn wir nicht mehr gsehn, wie's droben weiterspieln. Jetzt habn uns ich und meine Mutter gedacht, jetzt könnten wir eigentlich in den Erfrischungsraum naufgehn, weil's uns so heiß war; no, wir sind naufgangen, da habn wir uns gar nicht auskennt droben, da hat's Flaschenbier geben, Schokoladebonbons, belegte Brötchen und lauter so Zeugs, und ich und meine Mutter, wir haben uns den Erfrischungsraum so wie ein Brausebad vorgestellt.

No, dann sind wir wieder nuntergangen auf unsere Plätz, ins Parkett, da is uns beim nächsten Akt was Dumms passiert, da habn wir sehn wolln, ob auf der Bühne ein Teppich liegt, drum sind wir aufgstanden von unsere Sitz, derweil schrein s' hinter uns »setzen«; wie wir uns niedersetzen wolln, haben wir keine Sessel mehr, habn s' uns in diesem Moment d' Sessel gstohln.

Jetzt habn uns ich und meine Mutter, bis der Akt aus war, in der Kniebeuge so hinbuckln müssen, wissen S', wie uns d' Haxn weh getan habn; erst wie der Akt gar gewesen ist und wie das Theater heller wurde, sind wir auch heller worn, da sind wir draufgekommen, daß die Sitz bloß so naufgschnappt sind.

Nach dem vierten Akt war's dann beim Schluß gar, jetzt hat's uns erst intressiert, wie das Theaterstück heißt, wo wir grad gsehen habn. Wir habn schon einen Theaterzettel dabeighabt, aber den alten, vom Hoftheater einen, aus »Lohengrün«, den habn wir uns nur mitgnommen, daß wir uns im Gärtnertheater nicht extra einen kaufen müssen, drum hat nix gstimmt drauf, weil das Stück, wo wir grad gsehen habn, hat der Herr neben uns gsagt, heißt »Bruder Straubinger«. Drum ist auch kein Schwan dahergekommen, anstatt dem Schwan is eben dann der Bruder kommen, der Straubinger. – Wir wärn dann schon noch sitzen blieben, aber die andern Leut sind schon alle drauß gwesen, haben wir uns denkt, gehn wir auch, und weil wir so müd warn, wärn wir gleich gefahren, weil grad, wie wir zum Theater naus sind, is a Auto drauß gstanden – drauß gstanden sind ja mehr, jetzt wir wärn bloß mit einem gefahrn, weil wir nicht mehr Geld dabeighabt haben.

Wie wir an das Auto hinkommen, fragt der Chauffeur, wo wir hinfahren wolln – da sind wir nicht gfahren, grad weil er so neugierig gewesen ist, und zweitens hätt sich 's Fahren bei uns so nicht recht rentiert, weil wir gleich vis-à-vis vom Theater wohnen.

No, dann sind wir heim und ins Bett gegangen, d. h. nicht gegangen, sondern hineingestiegen, weil wir vom Zimmer bis zum Bett nicht gar so weit zum Gehen haben.

Wir haben die ganze Nacht geschlafen, wie wir in der Früh aufwachen, hat uns die ganze Nacht vom Theaterstück geträumt, habn wir das ganze Theaterstück im Bett gsehn, wissen S', wie uns das Geld gereut hat für die zwei Billetten, wir haben uns aber verschworen, daß wir nie mehr ins Gärtnertheater gehen, außer wir sind den Tag vorher im Bett gelegen.

Der Liebesbrief

Januar den 33. München, 1925 ½.

Lieber Geliebter!

Mit weinenden Händen nehme ich den Federhalter in meine Hände und schreibe Dir. –

Warum hast Du so lange nicht geschrieben, wo Du doch neulich geschrieben hast, daß Du mir schreibst, wenn ich Dir nicht schreibe. – Mein Vater hat mir gestern auch geschrieben. Er schreibt, daß er Dir geschrieben hätte. Du hast mir aber kein Wort davon geschrieben, daß er Dir geschrieben hat.

Hättest Du mir ein Wort davon geschrieben, daß Dir mein Vater geschrieben hat, so hätte ich meinem Vater geschrieben, daß Du ihm schon schreiben hättest wollen, hättest aber leider keine Zeit gehabt zum Schreiben, sonst hättest Du ihm schon geschrieben.

Mit unserer Schreiberei ist es sehr traurig, weil Du mir auf kein einziges Schreiben, welches ich Dir geschrieben habe, geschrieben hast.

Wenn Du nicht schreiben könntest, wäre es was anderes, dann tät ich Dir überhaupt nicht schreiben, so kannst Du aber schreiben und schreibst doch nicht, wenn ich Dir schreibe.

Ich schließe mein Schreiben und hoffe, daß Du mir nun endlich einmal schreibst, sonst ist dies mein letztes Schreiben, welches ich Dir geschrieben habe. Solltest Du aber diesmal wieder nicht schreiben, so schreibe mir wenigstens, daß Du mir überhaupt nicht schreiben willst, dann weiß ich wenigstens, warum Du mir nie geschrieben hast.

Verzeihe mir die schlechte Schrift, ich bekomme immer den Schreibkrampf unterm Schreiben, Du bekommst natürlich nie den Schreibkrampf, weil Du nie schreibst.

Gruß und Kuß

Deine N. N.

Auf dem Marienplatz

Die neue Verkehrsordnung

Der Grosse Dichter Josef Ding (i. J. 1520) sagte einmal: »– Es geschieht nichts Neues unter der Sonne!« – Dieser Mann hatte nicht recht oder vielmehr, er hatte nicht Gelegenheit, heute über den Marienplatz in München zu gehen. Der Marienplatz vor hundert Jahren (siehe Maillingersammlung) – der Marienplatz von heute (siehe Marienplatz). –

Schutzleute zu Podium (früher zu Pferd) und Schutzleute zu Fuß tuen ihre Pflicht. Der Marienplatz ist voll von Menschen – Kindern – Automobilen – Radfahrern – Hunden – Tauben – Glockenspiel – Straßenbahnen – Pflaster – Inseln – Wasserpfützen – Bogenlampen – Zigarrenstumpeln – verfallenen Straßenbahnbilletten – Kontaktdrähten – Benzingestank usw. – Das sind die gegenwärtigen Requisiten des Marienplatzes. Was treiben diese Requisiten? – Die Schutzleute dirigieren – die Menschen folgen nicht – die Gaffer gaffen – staunen, betrachten, grinsen, spotten, sind noch biedermeierisch veranlagt, wollen sich nicht an den Großstadtbetrieb gewöhnen. – Die Automobile hupen – die Radfahrer warten – die Hunde stören – die Tauben fliegen – das Glockenspiel klingt hell und »rein« – die Straßenbahnen kommen daher und fahren dahin – das Pflaster wird betreten, die Inseln ebenfalls – die Wasserpfützen auch ebenfalls – die Bogenlampen brennen (nachts) – die Zigarrenstumpel liegen – die weggeworfenen Straßenbahnfahrscheine flattern – die Kontaktdrähte schwingen wie Spinnennetze – der Benzingestank ist tagtäglich – und somit der ganze Zustand unerträglich. –

Die Verkehrspolizei will nur das Beste. – Aber wir Städter sind immer noch Dörfler. – Macht es der Schutzmann so – gehn wir so. – Macht es der Schutzmann aber so – gehen wir gewiß so. – Es soll klappen, aber es klappt nicht. Vielleicht in zehn Jahren, dann ist es aber zu spät, bis dahin fliegen wir alle. – Für die ganze Verkehrsordnung hätte ich eine neue Idee. Und jeder Irrsinnige wird mir voll und ganz beistimmen.

Mein Prinzip wäre folgendes:

Am Montag dürfen in ganz München nur Radfahrer fahren, am Dienstag nur Automobile, am Mittwoch nur Droschken, am Donnerstag nur Lastautos, am Freitag nur Straßenbahnen, am Samstag nur Bierfuhrwerke. Die Sonn- und Feiertage sind nur für Fußgänger. Auf diese Weise könnte nie mehr ein Mensch überfahren werden.

Ein zweiter Vorschlag wäre auch dieser:

Von 6 bis 7 Uhr morgens sind die Straßen Münchens nur für Radfahrer, von 7 bis 8 Uhr für Automobile, von 8 bis 9 Uhr für Droschken, von 9 bis 10 Uhr für Lastautos, von 10 bis 11 Uhr für elektrische Straßenbahnen, von 11 bis 11 ¼ für das Glockenspiel, von 11 ¼ bis 12 Uhr für Bierfuhrwerke bestimmt.

Der Regen

Eine wissenschaftliche Plauderei

Der Regen ist eine primöse Zersetzung luftähnlicher Mibrollen und Vibromen, deren Ursache bis heute noch nicht stixiert wurde. Schon in früheren Jahrhunderten wurden Versuche gemacht, Regenwasser durch Glydensäure zu zersetzen, um binocke Minilien zu erzeugen. Doch nur an der Nublition scheiterte der Versuch. Es ist interessant zu wissen, daß man noch nicht weiß, daß der große Regenwasserforscher Rembremerdeng das nicht gewußt hat. Siedendes Regenwasser gehört zu den heißesten Flüssigkeiten der Gegenwart. Dem Regen am nächsten liegend ist der Regenwurm – er lebt vom Regen, genau wie der Regenschirmfabrikant. Regenschirm und Sonnenschirm sind zwei gleiche Begriffe, und doch würde ihre Verwechslung zu einer nicht vorausgeahnten Katastrophe führen, denn einen Regenschirm kann man im Notfalle als Sonnenschirm benützen, dagegen kann man einen Sonnenschirm im Notfalle kaum als Regenschirm benützen.

Die Regentropfen gleichen in der Form den Hoffmannstropfen, die, an der Medizinflasche hängend, eine ovale, frei in der Luft schwebend, eine runde, und auf einer Tischplatte liegend, eine platte Form besitzen. Regenwasser benützt man häufig zum Gießen von Wiesen, Gräsern, Blumen, Unkraut und Gärten. Kinder benötigen den bekannten Mairegen zum Wachstum, und es ist statistisch nachgewiesen, daß die Kinder wirklich wachsen, auch wenn sie nicht mit Mairegen begossen wurden. Der allerschönste Regen ist der Regenbogen – gar kein Vergleich mit dem Münchner Maffeibogen, jener ist ein Wunder des Himmels, letzterer ein Greuel der Stadt München. Nur an Farbenschönheit überragt ersterer den letzteren.

Das Regenwetter wird oft mit Sauwetter, Hundswetter betitelt. Die Theater-, Kino- und Kaffeehausbesitzer haben derlei Ausdrücke noch nie über ihre Lippen gebracht. Heftige Regengüsse nennt man Wolkenbrüche; damit ist gemeint, daß irgendeine Wolke so schwer mit Wasser gefüllt ist, daß sie bricht, welchen Vorgang man beim menschlichen Biermagen mit Katzenjammer bezeichnet. Gegenmaßnahmen zur Heilung von Wolkenbrüchen sind zur Zeit noch nicht gemacht worden, da Wolkenbruchbänder der großen Dimension halber noch nicht hergestellt werden können, und zwar aus technischen Gründen.

Künstlicher Regen wird durch Gießkannen erzeugt. Unglaubliche Sitten und Bräuche werden aus dem Mittelalter erzählt. Ich zähle hier schon einige mehr an Aberglauben grenzende Tatsachen auf: Bei den alten Germanen wurden schnell alternde Kinder mit frisch gefallenen Regentropfen geimpft. Während dieser Injektion mußte der Urgroßvater des betreffenden Kindes einen vierstimmigen Choral singen. Ein weiterer Aberglaube bestand darin, Ehesünder auf folgende Art zu entlarven: Bei strömendem Regen mußte der Ehemann 100 Meter weit laufen, unmittelbar nach seiner Ankunft am Ziel wurden die auf seinen Körper gefallenen Regentropfen schnell gezählt, waren es über 1000 Tropfen, war er ein Ehesünder.

Weitere wissenschaftliche Fortschritte über Regenwasser sind bis heute noch nicht gemacht worden. – Die Feuchtigkeit des Regens soll auch im Mittelalter nicht so stark gewesen sein wie heutzutage, was ja auch der jüngstvergangene langanhaltende Regen beweist. Denn die verflossene Feuchtigkeit konnte nicht mehr mit Bodenfeuchtigkeit, sondern mit Hochwasser angedeutet werden. Und was Hochwasser bedeutet, wissen wir alle noch von der Sündflut her, die vielen unvergeßlich bleiben wird. Aber dennoch denken wir dabei an die Worte des Dichters:

Sich regen – bringt Segen.

Karl Valentins Olympiabesuch

Hier sitz ich alleine und spähe umher
und lausche hinauf und hernieder,

so heißt es in dem alten Lied »An der Weser«.

So ähnlich erging es mir, als ich allein im Olympiastadion saß. – Wie kam es, fragte ich mich selbst, daß ich zur Olympiade zu spät kam? – Ich blieb mir die Antwort nicht schuldig, Ihr Leichtsinn ist daran schuld! erscholl es von meinen Lippen. (Ihr bedeutet ich selbst). Denn aus Eigentrotz sage ich selbst zu mir nicht du, sondern Sie, weil man da vor sich selber viel mehr Respekt hat als mit der Duzerei. – Nur *einen* Tag zu spät und dennoch zu spät! – O Herr, bewahre mich bei der nächsten Olympiade 1940 vor solchen Etwaigitäten! – Trotzdem ich mich setzte, war es doch entsetzlich, als ich allein dasaß, in einer Hand die verfallene Eintrittskarte, die andere Hand in meiner eigenen Hosentasche. – Um mich herum saß nirgends niemand – das große Schweigen ringsumher war still und lautlos. – Meine einzige Unterhaltung war das Warten. Zuerst wartete ich langsam, dann immer schneller und schneller, kein Anfang der Olympischen Spiele ließ sich erblicken – da endlich von mir ein schriller Blick, und meine Augen starrten hinunter zu dem Eingang bei der Kampffläche. – Ich sahte einen kleinen Jemand, der Jemand scheinte mich zu suchen, was diesem auf den ersten Blick gelang. Unsere Pupillen kreuzten sich in der Mitte unserer Entfernung. Ich saß – sie kam – nur sie allein, die kleine Liesl Karlstadt, klärte mich darüber auf, daß gestern der letzte olympische Tag gewesen ist. – »Ist das schade!« schrie ich teilnahmserregt in den blauen Äther hinaus – ich schnellte langsam von meinem Sitz empor, flugs verließen wir die Stätte des großen Gewesenseins. Freudezerknittert traten wir per Verkehrsmittel die Heimfahrt an in die Stammkneipe am Kurfürstendamm. – Wir Sachsen haben in Berlin einen eigenen Stammtisch, dort kommen täglich alle Münchner zusammen, und da wird erzählt, von diesem und jenem, von jenem weniger, dafür öfter von diesem. Ich konnte leider heute zu meinem Bedauern nichts von den Olympischen Spielen erzählen, da ich ja nichts gesehen hatte – und alle lauschten umsonst.

Erste Narrenrede

Das war so! – Wie der moderne Maler malt, so kann der moderne Schriftsteller schreiben.

In Magdeburg am Rhein wohnte eine Verwandte, nämlich meiner Mutter ihre Braut, die gegenwärtig von Mexiko vorübergehend nach Rom reiste. Dadurch ist das Privatvermögen der Sauerkrautverleihanstalt »Eldorado« in Konkurs geraten, weil die Pläne zur Grundsteinlegung des neuen Kreisrealschul-Projektes durch Prolongation des Innern nicht genehmigt worden sind.

Ich finde es übertrieben, deshalb meine Zimmer tapezieren zu lassen, denn in kurzer Zeit kommt die Sache ans Tageslicht, und wenn sich drei Schwestern heiraten, kann von einem Quartett keine Rede sein.

Mir ist die Sache furchtbar peinlich, denn wenn ich die Gummischuhe einmal getragen habe, faßt der Kanzleisekretär die Sache falsch auf, und statt daß ich für das Segelflugzeug zweihundert Mark Einsatz bekomme, muß ich von Frankfurt bis Köln zu Fuß heimfahren.

Mein Rechtsanwalt gab sich alle Mühe, in 3000 Meter Höhe ein Zündholz aufzutreiben, aber deshalb ist nicht gesagt, ob das Filmdrama einem Lustspiel gleichkommt, denn mit einem bloßen Händedruck kann man heutzutage kein Stiegengeländer lackieren – und warum? Weil das Zutrauen fehlt! Obwohl kein Zeuge beweisen kann, daß man mit einem Freibillett eine Telefonstörung vermeiden kann. Die Hauptsache ist schließlich doch, daß der Schönschreibunterricht in den Volksschulen nicht mit dem Walchenseekraftwerk in Fühlung kommt, denn der städtische Knabenhort hat alle Hebel in Bewegung gesetzt, daß eine abermalige Erweiterung des Potsdamer Platzes nur dann zustande kommen darf, wenn sämtliche Kinos in Berlin in Freudenhäuser verwandelt werden. Was natürlich mit einer Verlängerung der Polizeistunde vor Mitternacht nichts zu tun hat. Im gegebenen Falle würde natürlich hygienischen Rücksichten entsprechend ein öffentliches Hausieren mit elektrischen Klavieren nur dann in Betracht kommen, wenn die Lederindustrie zur Erzeugung von Tabakprodukten die Grenze zwischen Ostern und Pfingsten nicht überschreitet. –

Hinsichtlich Paragraph Nummer Null könnte also die Erlaubnis, auf dem Plötzensee ein Trabrennen abzuhalten, nicht erteilt werden, was durch das Entgegenkommen der Kleinwohnungsgenossenschaft sehr in Frage gestellt ist. –

Ob die vier Könige unter den Tarockkarten dieses Jahr noch abdanken, ist ebenfalls fraglich, denn zehn Pfennig für eine Straßenbahnfahrkarte ohne Speisewagenbenützung ist eher zu teuer als notwendig.

Infolge dieser Preistreiberei können also Hypotheken auf Star- und Maikäferhäuser vor dem 0. Dezember 1702 nicht gekündigt werden, ebenso wird Zusendung von Neujahrsenthebungskarten an den beiden Osterfeiertagen gerichtlich verfolgt. Halbamtlich, eigentlich viertelamtlich, sei noch mitgeteilt, daß farbiges Konfetti in den verehrlichen Apotheken nicht mehr als Kopfwehpulver verkauft werden darf, und deshalb rufe ich unter Tränen aus:

Nieder mit dem Aschermittwoch – nieder mit dem Karneval
Es lebe der 1. April!
Volkus plumentus – ex!? – –

Der Weltuntergang

Gestern nachmittags um neun Uhr sitz ich im Restaurant »Zur derfaulten Blutorange«, und weil ich am Tag vorher meine goldene Uhr zum Konditor tragn hab, zum Reparieren, hab ich einen solchen Heißhunger kriegt, daß ich mir zwei Portionen Senftgefrorenes und an gsottnen Radi als Abendessen zum Frühstück bestellt hab. Nachdem ich aber Hausbesitzer bin und in jeder Wohnung eine wanzenreiche Familie hab, hab ich trotz meines siebenundachtzigjährigen Halsleidens mit den Kindern von mein Nachbarn »Fürchtet ihr den weißen Mann« gespielt. Im selben Moment haute der Fotograf im Rückgebäude 's Fenster ein. I laß in der Angst an Zitherlehrer komma, und der gemeine Kerl von einer Kellnerin behauptet, sie hätt im Eiskasten scho Feuer gmacht; währenddem mein jüngster Sohn sich mit dem Magneteisen d' Hühneraugen aus'm Ellbogen herauszieht, habn s' in der Volksküche zu Leipzig an der Ruhr a Staudn Nißlsalat mit dem neuen Trambahntarif verwechselt, der Bürgermeister will im hintern Anhängewagen vom Telefonautomat einsteign, kann aber leider nicht schwimmen und stößt mit seiner Batikkrawatte a Loch in a neugebackene Schlagrahmtorte. In der Verwirrung führt der Turmwächter von St. Emeran einen Bismarckhering ins Hundebad, der Nürnberger Schnellzug is ins Nymphenburger Trambahngleis neigfahrn; sämtliche Droschkenkutscher von München sind zum Beichten gangen, und wenn nicht zufälligerweis auf dem Wendelstein drobn ein Schutzmann seinen Wecker ablaufen läßt, verlangt die Obsthausiererin für zwei Pfund Kinderhemden einen Freundschaftskuß. Trotz allen Bemühungen, auf der rechten Kuppel des Frauenturms ein Männerfreibad für Damen zu errichten, bleibt die Kanzlei vom Brunnenbuaberl vorläufig geschlossen, und auf allgemeinen Wunsch wird unter Kindern mit zehn Jahren die Zuchthausstrafe auf lebenslänglich abgeschafft. Sollten dagegen die Münchner Schlittschuhläufer wegen dem eingetretenen Weißbrotmangel vor Ablauf vorigen Jahres ihre Schlittschuhe nicht doppeln lassen, so sind auf Kosten des Fremdenverkehrs starke, gewitterartige Niederschläge zu erwarten. Leider aber hat sich der Bürgermeister im Finstern verlaufen, weil am Zeppelin-Luftschiff keine Hausnummer dort war; er läßt unglücklicherweise die Türe auf, und im Zeitraum von fünf Minuten san ihm vierzig Mitesser auskemma. Er läuft ihnen nach, stolpert mit die Gummischuh über der Frau ihre Giselafransen, tritt seim dreijährigen Buam in d' Sandtorten nei und schreit: »Wer will unter die Soldaten?« Alles war vergeben und vergessen, sei Frau hat ihre Krampfadern als Ringelnattern verkauft, die Köchin hat sich verlobt mit'm Papagei, der Hausherr hat sich mit de Hypotheken gurgelt, und in der Maikäferschachtel is die Maul- und Klauenseuche ausbrocha. »Wehe, wehe«, sprach der Oberlehrer von der Gasanstalt: »Richtet nicht, sonst werdet ihr gerichtet«, da öffnen sich die Wolken, und mit blinzelnden Augen treten achtzehn Packträger hervor und verkünden das Ende der Welt. Links und rechts stehen je vier goldene Jungfrauen mit Semmelbrösel bepappt und halten ein vernickeltes Butterbrot in der Hand. Die Luft zitterte wie Schweinssulz, die Erde wühlte sich auf, die Vesuve speiten Honig und Sauerkraut. Nacht- und Tageulen, Junikäferln und Lämmergeier schwirrten gespensterhaft auf dem Fußboden umher, panikartig zerplatzte ein alter Leberkäs, und am Ende des Vortrags trat plötzlich der Schluß ein.

Das Theater muß sich ändern

Woher diese leeren Theater? Nur durch das Ausbleiben des Publikums. Schuld daran – nur der Staat. Warum wird kein Theaterzwang eingeführt? Wenn jeder Mensch in das Theater gehen muß, wird die Sache gleich anders. Warum ist der Schulzwang eingeführt? Kein Schüler würde die Schule besuchen, wenn er nicht müßte. Beim Theater, wenn es auch nicht leicht ist, würde sich das unschwer ebenfalls doch vielleicht einführen lassen. Der gute Wille und die Pflicht bringen alles zustande. Ist das Theater nicht auch Schule, Fragezeichen!

Schon bei den Kindern könnte man beginnen mit dem Theaterzwang. Das Repertoire eines Kindertheaters wäre sicherlich nur auf Märchen aufgebaut, wie »Hänsel und Gretel«, »Der Wolf und die sieben Schneewittchen«.

In der Großstadt sind hundert Schulen, jede Schule hat tausend Kinder pro Tag, das sind hunderttausend Kinder. Diese hunderttausend Kinder jeden Tag vormittags in die Schule, jeden Nachmittag ins Theater – Eintritt pro Kinderperson fünfzig Pfennig, natürlich auf Staatskosten, das sind hundert Theater je tausend Sitzplätze. Also per Theater 500 RM – sind 50000 RM bei hundert Theatern.

Wieviel Schauspielern wäre hier Arbeitsgelegenheit geboten! Der Theaterzwang bezirksweise eingeführt, würde das ganze Wirtschaftsleben neu beleben. Es ist absolut nicht einerlei, wenn ich sage: Soll ich heute ins Theater gehen, oder wenn es heißt: Ich muß heute ins Theater gehen. Durch diese Theaterpflicht läßt der betreffende Staatsbürger freiwillig alle anderen stupiden Abendunterhaltungen fahren, wie Kegelschieben, Tarocken, Biertischpolitik, Rendezvous, ferner die zeitraubenden blöden Gesellschaftsspiele: »Fürchtet ihr den schwarzen Mann«, »Schneider, leih mir deine Frau« usw.

Der Staatsbürger weiß, daß er ins Theater muß – er braucht sich kein Stück mehr herauszusuchen, er hat keinen Zweifel darüber, soll ich mir heute »Tristan und Isolde« anschauen – nein, er muß sich's anschauen – denn es ist seine Pflicht.

Er ist gezwungen, dreihundertfünfundsechzigmal im Jahr ins Theater zu gehen, ob es ihm nun vor dem Theater graust oder nicht. Einem Schüler graust es auch, in die Schule zu gehen, aber er geht gern hinein, weil er muß. – Zwang! – Nur durch Zwang ist heute unser Theaterpublikum zum Theaterbesuch zu zwingen. Mit guten Worten haben wir jetzt Jahrzehnte hindurch wenig Erfolg gehabt. Die verlockendsten Anpreisungen wie geheizter Zuschauerraum oder während der Pause Rauchen im Freien gestattet oder Studenten und Militär vom General abwärts halbe Preise; alle diese Begünstigungen haben die Theater nicht füllen können. – Die Reklame, die bei einem großen Theater jährlich Hunderte von Mark verschlingt, fällt bei dem Theaterzwang gänzlich weg. Ebenfalls auch die Preise der Plätze; denn die Plätze werden nicht mehr nach Standesunterschieden, sondern nach den Schwächen und Gebrechen der Theaterbesucher eingeteilt:

1.–5. Parkettreihe: Die Schwerhörigen und die Kurzsichtigen.
6.–10. Parkettreihe: Die Hypochonder und Neurastheniker.
10.-15. Parkettreihe: Die Haut- und Gemütskranken.

Sämtliche Rang- und Galerieplätze stehen den Asthmatikern und Gichtleidenden zur Verfügung.

Auf eine Stadt wie Berlin kämen also – ausgenommen die Säuglinge und Kinder unter acht Jahren, Bettlägerige und Greise – täglich rund zwei Millionen Theaterbesuchspflichtige, eine Zahl, die die jetzige Theaterbesucherzahl der Freiwilligen weit überschreitet.

Man hat ja mit der freiwilligen Feuerwehr ebenfalls bittere Erfahrungen gemacht – und nach langer Zeit nun eingesehen, daß es heute ohne Pflichtfeuerwehr nicht geht.

Warum geht es also bei der Feuerwehr und nicht beim Theater? Gerade Feuerwehr und Theater sind heute so innig verbunden – ich habe in meiner langjährigen Bühnenpraxis hinter den Kulissen noch nie ein Theaterstück ohne Feuerwehrmann gesehen.

Sollte die vorgeschlagene »Allgemeine Theaterbesuchspflicht«, genannt »ATBPF«, zur Einführung kommen und, wie oben erwähnt, täglich zwei Millionen Menschen in das Theater zwingen, so müssen in einer Stadt wie Berlin zwanzig Theater mit je hunderttausend Plätzen zur Verfügung stehen. Oder vierzig Theater mit je fünfzigtausend Plätzen – oder hundertsechzig Theater mit je zwölftausendfünfhundert Plätzen – oder dreihundertzwanzig Theater mit je sechstausendzweihundertfünfzig Plätzen – oder sechshundertvierzig Theater mit dreitausendeinhundertfünfundzwanzig Plätzen – oder zwei Millionen Theater mit je einem Platz. Was aber dann für eine famose Stimmung in einem vollbesetzten Hause mit, sagen wir, fünfzigtausend Besuchern herrscht, weiß nur jeder Darsteller selbst. Nur durch solche eminenten Machtmittel kann man den leeren Häusern auf die Füße helfen, nicht durch Freikarten – nein – nur durch Zwang – und zwingen kann den Staatsbürger nur der Staat.

Der Naturprofessor

Putzt die Augengläser, streift seinen Spitzbart, nimmt das Sacktuch und schneuzt sich – verbeugt sich mehrmals.

Sehr geehrter Zuschauerraum, es freut mich hundsgemein, daß Sie sich heute zu meinem wissenschaftlichen Vortrag über den Nutzen und Schaden der Haustiere hier eingefunden haben. Wenn man von Haustieren spricht, so ist jeder darüber im Zweifel, handelt es sich hier um die Haustiere am Haus oder im Haus. – Mein heutiger Vortrag behandelt die Haustiere im Haus. Unter einer Haustüre und einem Haustier ist ein himmelweiter Unterschied, denn erstere ist aus Holz, letzteres aus Fleisch und Blut.

1. Eines unserer bekanntesten Haustiere ist der populäre schwarzbläuliche Küchenschwabe. Er wird in vielen Fällen über sechs bis vier Wochen alt und findet meist einen unnatürlichen, jedoch schnellen Tod durch die menschliche Schuhsohle. Der bekannte Knall beim Zertreten eines Küchenschwaben wird durch Eindrücken des Brustkorbes hervorgerufen. Der Küchenschwabe läuft sehr schnell, was darauf schließen läßt, daß es ihm die meiste Zeit pressiert. Sind mehrere Schwaben beisammen, so nennt man das einen Schwabenschwarm, sind es ausgerechnet sieben Stück, so sind das die sieben Schwaben, welche aber mit den Sieben Schwaben nicht identisch sind. Erstere haben ihre Heimat in der Küche, letztere in Ulm.

2. In meiner zweiten Abteilung stehe ich im Zeichen der Wanze. – Liebe Zuhörer und Zuhörerinnen! Von der Wanze glaube ich Ihnen nicht viel sagen zu brauchen, denn Sie alle kennen ja das Leben und Treiben dieses scheußlichen Blutsaugers von der Schule her, wo Ihnen das Tier schon näher erklärt worden ist.

3. Ich komme nun zum dritten Haustier, zum Floh. Hier ist es

mir möglich gewesen, eine fotografische Abbildung zu gewinnen. Eine geradezu wahnsinnige Arbeit war es, dieses flinke Tierchen zu fotografieren. Über dreitausendmal hüpfte es dem Fotografen aus der Stellung, und nur durch gutes Zureden ist es ihm gelungen, das Tier zu einer Momentaufnahme zu bewegen. – Der Floh nährt sich vom Blut des Menschen oder, besser ausgedrückt, vom menschlichen Blut; nach eigener Erfahrung und Ansicht ist ein Floh trotz seiner winzigen Körpereigenschaft imstande, sechzig Liter Menschenblut in sich aufzunehmen.

4. Wir kommen nun zu der Laus. Die Laus bewohnt den Haarboden des menschlichen Kopfes. Nicht jeder Mensch ist mit Läusen geplagt. Am meisten werden davon die Buben heimgesucht. Ist ein Bube mit Läusen bedacht, so entsteht daraus der sogenannte Lausbub. Bei älteren Personen, Glatzköpfe oder Plattenberger genannt, finden diese Liliputschildkröten keine Wohnstätten. Die zweite Abart sind die Gewandläuse, welche sich im Gewande der Menschen aufhalten. Adam und Eva im Paradies kannten diese Sorte Läuse nicht, da dieselben kein Gewand besaßen, sondern nur Blätter. Es gibt auch Blattläuse, welche aber nicht zu den Haustieren gehören. Eine vierte Art von Läusen ist mir noch bekannt, die sich aber nur in Bierfilzln und Filzschuhen aufhalten. – Eine Laus tritt nur einen Tag auf, ist von den Kindern gefürchtet und heißt Nikolaus. – Auch die Bühnenkünstler, Sänger, Schauspieler und Komiker haben die Läuse gern, jedoch nicht Kopfläuse, sondern Appläuse.

5. Nach Erklärung der kleineren Haustiere folgen nun die Haustiere größerer Körpereigenschaften. Da steht in erster Linie die Maushaus. Die Maus besteht nach zoologischer Feststellung aus *Mau* und *Ringl-s* und ist mit einem mausgrauen Fell überzogen. Die Maus läuft auf vier Füßen oder in die Mausfalle. Sind zwei Mäuse beisammen, so vermehren sie sich sehr schnell. Die jungen Mäuse dagegen sind um ein großes Stück kleiner als die älteren. Die Maus verwandelt sich oft sehr schnell. Fällt eine Maus in einen Honigtopf, so entsteht daraus eine zuckersüße Maus. Am wohlsten fühlt sich die Maus im Loch, im Mausloch, auch ich – bin der Überzeugung. Die nächsten Verwandten der Maus sind die Ratten, im Volksmund der Ratz genannt. Die Ratzen sind häßliche Tiere, und man nennt einen Ratzen im allgemeinen schialiga Ratz.

Sechstes Haustier: Die Fliege. Die Fliege gehört zum Geflügel.

Die Fliege ist eines der reinlichsten Haustiere. Es ist festgestellt, daß die Fliegen sehr oft heiße Bäder nehmen. Zum Ärgernis der Hausfrau nehmen sie diese Bäder im Suppenhafen. Die Fliege dient auch als Nahrungsmittel, jedoch nicht für den Menschen, aber für den Laubfrosch. Die Fliege wird von den Menschen sehr lästig befunden, weshalb man ihr todbringende Fallen stellt, in Form von Fliegenhüten.

Ein Fliegenhut ist ein Apparat aus Packpapier, welcher im fünfundsiebzigsten Gradwinkel zu einem komischen Zylinderkegel geformt und mit einem zähen Leim, sogenannten Fliegenleim, bestrichen ist. Stellt man die auf lateinisch mit Papp bestrichene »Stranitze« auf eine flache Ebene, Küchentisch usw., und die Fliege bemerkt diesen Vorgang, nähert sich die Fliege diesem Apparat, umkreist ihn summend, bei der Fliege treten sodann indirekt Halluzinationen ein, sie ist der sicheren Meinung, der auf dem Papierkegel befindliche Leim ist kein Leim, fliegt auf den Leim, und siehe da, sie pappt.

Der lächelnde Blick der Fliege verschwimmt, in ihrem Gesichtskreis tritt ein leichtes Erröten ein, die Flügel werden schlapp, weil sie voll Papp, und mit stierem Blick erwartet sie das langsame Sterben. Mit Aufgebot aller Kräfte entreißt sie einen Flügel aus der klebrigen Masse, um mit demselben Schwingungen zu erzeugen, der durch Vibration summende Schallwellen hervorruft. Durch dieses Gesumm werden die anderen Fliegen auf die traurige Situation ihrer Kollegin aufmerksam, fliegen hilfebringend herbei, und auch sie pappen. Sakra, jetzt papp i aa.

Zum Schluß das letzte Haustier, die Kuh. Leider ist es mir wegen Mangel an Platz unmöglich, ein lebendes Exemplar einer Kuh mitzubringen. Ich finde es auch nicht durchaus nötig, denn ich setze voraus und bin überzeugt, daß die meisten der Anwesenden schon eine Kuh gesehen haben. Ich bediene mich deshalb einer Kripperlfigur zur näheren Erklärung. Der Hauptbestandteil der Kuh ist die Milli, kurz gesagt die Milch. Die Milch ist das flüssigste Nahrungsmittel außer dem Wasser. Die Milch ist an ihrer weißen Farbe erkenntlich. Die Milch kann in Tassen, Flaschen, Büchsen, Gläsern oder anderen hohlen Gefäßen aufbewahrt werden. Ist zum Beispiel ein Kübel voll Milch, so nennt man sie Vollmilch. Die Milch gewinnen wir Menschen von den Bauern oder von der Ziege; die bekannteste Milch ist jedoch die Kuhmilch, es gibt auch Lilienmilch, nur werden die Lilien nicht gemolken, sondern gepflückt. Wir haben auch Milchstraßen, eine am Himmel, eine in Haidhausen. Diese kommen aber zur Milchlieferung nicht in Betracht. Wird zum Beispiel die Kuhmilch auf dem Feuer gesotten, so entsteht daraus die sogenannte heiße Milch, welche zum Kochen verwendet werden kann. Die Milch ist am leichtesten zu verdauen, da sie weder gebissen noch trichinenfrei ist. Die Milch kann getrunken, gefahren oder getragen werden. Viele Frauen können die Milch trinken, aber nicht tragen, da dieselben keine haben. Schüttet man in die Milch Kaffee, entsteht daraus Melange, schüttet man in die Milch Wasser, so ist es eine Gemeinheit, welche mit Gefängnis bestraft wird, und der Milchfrau wird die Milch entzogen, oder besser gesagt die Konfession. Die neueste Entdeckung, aus Milli Soldaten herzustellen, steht wohl einzig in der Welt. Der berühmte Komiker Rzpleckp hat diese Erfindung einem eigentlichen Zufall zu verdanken; das Rezept ist folgendes: Man nimmt einen großen Kübel Teer, gießt in diesen Teer Milli, vermengt die Milli mit dem Teer und es entsteht daraus Militär. –

Ich beschließe nun meinen wissenschaftlichen Vortrag und fordere Sie auf, sich von den Sitzen zu erheben und mit mir in den Ruf einzustimmen: Unsere sämtlichen Haustiere, sie leben, vivat hoch! Hoch! Hoch!

ANSAGER: Im Namen des Herrn Professors gebe ich Ihnen bekannt, daß die Sammlung dieser wissenschaftlichen Spirituspräparate an jedem Mittwoch und Freitag vormittags von drei bis vier Uhr im Speisesaal des Hotels... zur allgemeinen Besichtigung ausgestellt sind. Eintritt à Person sechs Mark inklusive Erbschaftssteuer.

Unpolitische Käsrede

Hochgeehrte Versammlung! – Es freut mich ungemein, daß Sie, wie Sie, wenn Sie hätten, widrigenfalls ohne direkt, oder besser gesagt, inwiefern, nachdem naturgemäß es ganz gleichwertig erscheint, ob so oder so, im Falle es könnte oder es ist, wie erklärlicherweise in Anbetracht oder vielmehr, warum es so gekommen sein kann oder muß, so ist kurz gesagt kein Beweis vorhanden, daß es selbstverständlich erscheint, ohne jedoch darauf zurückzukommen, in welcher zur Zeit ein oder mehrere in unabsehbarer Weise sich selbst ab und zu zur Erleichterung beitragen werden, ohnedem es wie ja unmöglich erscheint in bis jetzt noch nie, in dieser Art wiederzugebender Weise, ein einigermaßen in sich selbst, angrenzend der Verhältnisse, die Sie, wie Sie, ob Sie gegen sie oder für sie nutzbringend in sich selbst von vorne als gänzlich ausgeschlossen erachtet werden wird und daß ohnehin einer ferngehaltenen Verschlimmerung ein, oder ein in irgendeinen einigermaßen einzig verschwiegen ist.

Dennoch treten eine insgesamt wie sich zeigende, weniger oder einschließlich von unabsehbarer Weite sich kreuzende Meinungsverschiedenheiten die in unbestimmt einschneidende Zirkulationshemmungen auftretenden Gesichtspunkte auf. Gegebenen Falles erscheinen also nie wiederkehrende Emanzipationen, welche einer dringenden Abhilfe insofern gegenüberzustehen erscheinen, wenn beiderseits die interesselose Resignation widerspenstiger Auftritte seitens der Gedankenhalluzination beiderlei Geschlechtes sich in mehrheitigen Gesinnungsvibrationen durch Kontrapunkte in nichts verwandeln und eine parteilose, hochprozentige Stimmungsmehrheit vorläufig zu Tage treten wird.

Gerade die machtlose Erscheinungsmöglichkeit, ob und wie, jetzt oder später, ist die Grundessenz der lageveränderten Zeitpunkte, welche keinerlei maßgebende eventuelle Aktualitäten in sich birgt und der zeitweiligen Vernichtung von Privatexistenzen zugrunde liegt, obwohl Europa nie Anteil daran genommen hat.

Ich beschließe die Versammlung und heiße Sie zum Schlusse herzlich willkommen und begrüße Sie hochachtungsvollst im Namen sämtlicher Zuhörer – habe die Ehre!

Vereinsrede

In großem Raum gesprochen. Die Volksmenge bricht beim Erscheinen des Volksredners in Bravorufe und Händeklatschen aus.

Meine lieben Gäste und Gästinnen!

Wenn ich heute das Wort ergreife, so halte ich es für meine Pflicht, einer Sache näherzutreten, die Ihnen und uns für alle Zukunft ein Problem von schwerwiegender Bedeutung zu bleiben scheint. Gewiß haben wir nicht die volle Gewißheit, was in Anbetracht einer Zerklauberei der ewig unmöglich erscheinenden Begleiterscheinungen in sich vereinigt, denn gerade hier bieten sich einschneidende Bedingungen, die von vorneherein ein für allemal ausgemerzt werden müssen. Die Vergangenheit hat uns gezeigt, daß gerade in diesem Punkte gesündigt wurde, schon aus dem Grunde, weil ein Zusammenkommen jener wichtigen Erscheinungen stets verschwiegen wurde. Wir haben uns mehr denn je über diese Kleinigkeiten immuniert und haben in Sachen herumgewühlt, statt zu sagen: »Freunde, geht ans Werk«, »Greift zu, und Ihr werdet es nicht bereuen.«

Glauben Sie nicht, meine Herren, o bewahre, schauen Sie sich selbst ins Gesicht, und Sie sehen Ihre eigenen Masken – herunter damit! Nein, fühlen Sie sich nicht dazu genötigt, denken Sie an das Problem der Atomzertrümmerung, denken Sie an die Worte des Sokrates: »Femina, feminina monstrum vivat concenbinatum – o eleonoris causa veni veni vizi.« Meine Herren, Schatten der Gegenwart möchte ich verpflanzen wie Minderwertigkeiten, welche nur zu deutlich aufgerollt werden, wenn uns die Zeit nicht selbst den Stempel des Daseins auf die Stirne drückt. Aber wenn wir der Einsicht nähertreten, so werden die Nebenstehenden die Schäden und Nutzen am eigenen Leibe verspüren, denn zu heiß wurde noch keine Suppe gegessen, und wenn, dann verbrennen sich die den Schnabel, die sich mit den bittersten Enttäuschungen selbst am Ufer der Vernunft ins Lächerliche gezogen haben. Es ist nicht gleichgültig, ob ich sage: »Ich bin oder ich werde«, nein, meine Herren, Zufälligkeiten und Abdrosselungen eigener Anschauungen haben sich noch nie zu einer Konservierung von Gedanken verbinden lassen. Wehe dem, der sich selbst, wehe dem, dem derjenige nur das ist, was wir uns von diesem erwartet haben. – Selbst ist die Frau! – Meine Herren! Wenn die Besonnenheit uns von unseren Sorgen, deren wenige ein verblendendes Spiel in uns gesetzt zum Zwecke des Mittels, einen wie bei jedem, wir können nicht das gute Gewissen mit derselben Resignation verknüpfen, der unserem Standpunkt von vorneherein gegenüberstand. Wenn wir in lückenloser Vergangenheit eine Parallele ziehen, wenn wir uns vergegenwärtigen, daß nur Trotz und ein Gegenspiel von weittragender Bedeutung ein Resultat fördert und damit nie wiederkehrende Gelegenheitsfinumen erzielt werden können und wir hiermit unser Gewissen nicht unnötig belasten, daß eine Voraussagung eventueller Submissionsschwierigkeiten einen spontanen Verlauf nehmen, oder nehmen müssen, dann ist es besser, wir vermeiden jegliche Inspirationen, die durch Sicherungen seitens kollektiver Kongreßerörterungen ausgerottet werden. Es gab eine Zeit und diese Zeit läßt sich Zeit, denn im Zeitabschnitte dieses Zeitabschnittes wird die Zeit kommen, die wir zeitlebens nicht vergessen werden. Und wenn es am Sonntag wider alles Erwarten wirklich schlechtes Wetter ist, müssen wir unser Stiftungsfest auf den nächsten Sonntag verschieben. *Bravorufe – Applaus.*

Im Jenseits

Ein Problem, das mich sehr interessiert, ist das Jenseits, oder besser gesagt, ein Weiterleben nach dem Tode. Gedanken über das Jenseits kann man natürlich nur im Diesseits haben. Im Jenseits über das Diesseits nachzudenken, ist schon zweifelhaft – vielleicht ausgeschlossen. Wenn der Mensch gestorben ist, ist er tot – das ist sicher, also todsicher, wie man so sagt. Scheint es nur so, als wäre er tot, so ist er scheintot und kann in seltenen Fällen wieder lebendig werden und später noch mal sterben. Ist ein Mensch wirklich tot, so ist natürlich nur der Körper gemeint, denn die Seele lebt weiter – aber diese ist unsichtbar, das ist wissenschaftlich einwandfrei bewiesen, da bei Röntgenaufnahmen, die alle inneren Organe des menschlichen Körpers zeigen, noch nie die Seele sichtbar gewesen ist. Die Seele flieht also unsichtbar aus dem menschlichen Körper. Aber wohin? Das wird die Seele schon selbst wissen. Ins Jenseits – und da entweder in den Himmel oder in die Hölle. Die Seele muß also allein wissen, wo sie hinflieht.

Nehmen wir zum Beispiel an, die Seele des verstorbenen braven Bäckermeisters Meier schwirrt ins Jenseits. Dem Herrn Meier ist seine liebe, unvergeßliche Frau vor vielen Jahren im Tode schon vorausgegangen, befindet sich also schon im Jenseits. Im Diesseits heißt es aber wie bekannt: Im Jenseits gibt's ein Wiedersehen. Wie kann nun die im Jenseits angekommene unsichtbare Seele des verstorbenen Herrn Meier die ebenfalls unsichtbare Seele der schon im Jenseits umherfliegenden Frau wiedersehen? Nun, sei es wie es sei. Diese beiden wollten sich ja wiedersehen. Wie ist es aber mit der Kehrseite? Hat einer eine böse Schwiegermutter, so ein Ehemann getraut sich ja gar nicht zu sterben, aus Angst vor einem Wiedersehen im Jenseits. Sein einziger Trost ist vielleicht der, daß die böse Schwiegermutter nicht in den Himmel kommt, sondern in die Hölle. Überhaupt, wenn man mit all denen, die man im Diesseits schon nicht riechen kann, im Jenseits wieder zusammenkommen sollte, ist das allein schon ein schrecklicher Gedanke. Man denke an große Persönlichkeiten, so zum Beispiel an Karl den Großen mit Napoleon – die Päpste mit Dr. Martin Luther usw. oder an die Kollegen im Berufsleben. Besonders vom Theater! Droben im Jenseits gibt es keinen Haß und Neid, das hält doch die Seele eines Kollegen nie aus!

Nun machen sich aber viele Menschen wieder ein anderes Bild vom Jenseitshimmel. Die Engel! Wo kommen denn die her? Die sind doch nicht unsichtbar, die haben goldenes Lockenhaar, haben zwei große Flügel und sind nackend, wenigstens die kleineren, die Amoretten. Die Engel waren aber doch früher auch einmal Menschen, deren Seelen ins Jenseits geflüchtet sind. Dort haben sie Flügel bekommen. Das wird aber nur die weiblichen Wesen betreffen, vom ersten bis dreißigsten Lebensjahr. Ich könnte mir nämlich den oben benannten Herrn Bäckermeister Meier nicht so himmlisch vorstellen, wenn er nackend mit zwei großen Flügeln in den Wolken herumflattert – dann lieber unsichtbar! Die Meinungen gehen also hier sehr auseinander. Nun hat aber dieses angenommene Weiterleben nach dem Tode noch eine andre Seite. Auf Erden lebt der Mensch durchschnittlich 60 bis 70 Jahre. Das Leben ist aber mannigfaltig und bringt durch Arbeit, Freude, Sorgen, Leid usw. Abwechslung in die Bude. Wie ist das nun im Jenseits? Hier besteht keine Altersgrenze, sondern Ewigkeit. Also in Ewigkeit nur im Jenseits umherfliegen und als einzige Beschäftigung, wie uns aus der Bibel bekannt, nur Hosianna singen, das kann die ersten acht Tage ganz unterhaltlich sein, aber, man denke sich das ewig – das muß unbedingt langweilig werden.

Nun steht wieder eine Frage offen: Werden die Seelen – oder die Engel im Jenseits auch älter, so wie dies im Diesseits der Fall ist? Wenn ja, dann muß also der erste Mensch, der selige Adam, der 7000 Jahre alt geworden ist, der erste Mensch gewesen sein, der im Paradies bei der Eröffnung des Jenseits Zutritt hatte. Der erste Mensch, der im Jenseits angekommen ist, kann aber der Adam doch nicht gewesen sein, da ihm seinerzeit der heilige Petrus mit dem Himmelsschlüssel die Pforte zum Jenseits geöffnet hat. Demzufolge muß der Petrus schon vor dem Adam im Jenseits gewesen sein. Er war sozusagen der himmlische Hausmeister, der heute noch auf seinem sicheren Posten steht und keinen hineinläßt, der im Diesseits böse war. Und doch stimmt das auch nicht! Petrus lebte doch erst lange Zeit nach der Paradiesgeschichte als Apostel auf der Welt, wurde später heiliggesprochen, und nach seinem Tode kam er erst ins Jenseits. Der Adam kam also anscheinend ohne Kontrolle ins Jenseits, weil eben der Petrus noch gar nicht da war. Weiter nachgedacht, kann aber Petrus nicht als Seele allein die Welt verlassen haben, denn die unsichtbare Seele kann doch keinen Schlüssel in die Hand nehmen, und wo kommt denn der Schüssel her? Im Gegensatz zu allen anderen Jenseitsbewohnern, die müßig umherfliegen, wird dem Petrus als einzigem nicht langweilig werden, denn viele Jahrtausende das Himmelstor auf- und zusperren ist ausreichende Beschäftigung.

Wenn Wissenschaftler befragt werden um obige Angelegenheit des Weiterlebens, so ändert sich die Sache wiederum. Diese behaupten nämlich, daß es schon seit vielen Millionen von Jahren Menschen gibt, die inzwischen längst gestorben sind und jetzt das Jenseits bevölkern. Wie viele unzählige Trillionen Seelen im Jenseits schon weiterleben, ist niemals zu bemessen. Dabei geht das immer so weiter in aller Ewigkeit oder wenigstens so lange, als die Welt besteht. Es ist ein ewiges Kommen und Gehen und Seligwerden – also ein Fortleben nach dem Tode. Aber warum sollen wir Menschen uns darüber den Kopf zerbrechen. Wir werden es niemals ergründen. Aber, daß ein Mensch, der bereits das Diesseits verlassen hat, nicht nur im Jenseits, sondern auch im Diesseits und nicht nur seelisch, sondern genau wie er gelebt hat, weiterlebt, habe ich erst im Kino in einem älteren Film gesehen, in welchem ein vor Jahren verstorbener Filmschauspieler seine Rolle heute noch spielt. Es gibt also in unserer Gegenwart zwei Weiterleben nach dem Tode: eines im Jenseits, und eines im Kino.

Ich mische mich in die Nichteinmischung mitten hinein!

Unausgesetzt treibt der am Horizont des Weltalls sich zeigende Gedanke der ganzen Menschheit, daß sich ein Problem, welches dazu geeignet ist, Formen anzunehmen, die einen Konflikt, sei es über die Kolonien-Frage oder der Wille, der sich seinen kommenden Geschlechtern des Fernen Ostens nähert. Immer und immer wieder haben wir die gleichen Erscheinungen. Was vor Tausenden von Jahren, sei es nun die Zeit einer Emanzipation der alten Griechen, oder ergründen wir die Vorzeit amerikanischen Strebens, so spricht die Zeit ein deutliches Wort, ohne daß an das Merkwürdigste im Zeitenraum der Phantasie den geringsten Zweifel aufkommen läßt. Ob ein Zustandekommen oben erwähnter Weltanschauungen von so schwerwiegender Bedeutung ist, um Vorteile, wie sie die Inder damals gezeigt haben, muß bezweifelt werden. So tragen wir es geduldig, solange ein Volk aus Ost oder West, Süd oder Nord Repontionen erhält, spielt dabei keine nennenswerte Rolle, nur der Wille einer Nation kann nach Lage der Vernunft ersetzt werden, so wird sich die Meinung der ganzen Welt zerschlagen, wenn die Einigkeit Spuren hinterläßt, die nur dazu die Nerven des Volkes beunruhigen. Wenn Lumiotto, der einzige Mann, der schon vor Beginn seine Worte zusammenfaßte und sich in Äußerungen verstieg, einen Regierungsabschnitt verhüllt, dann treten wir der Sache näher, aber wir werden niemals daran zweifeln, da demgegenüber keine Absicht bestanden hat, neutral zu bleiben. Schauen wir zurück, die Vergangenheit ist unser wahrhaftigster Zeuge, wenn die Zügel der Vernunft sich lockern, wenn der Sinn für alles verlorengeht, so sollen sich diejenigen, die schuldbeladen, selbst prüfen, denn ein einiges Volk, denken Sie dabei an das Land der Versionen, an das Land des Kulturismuses. Ja, leere Redensarten, Phrasen etc. damit, womit sich viele ereifern könnten, in Verbindung mit den einfachsten Mitteln Wege zu bilden, die solche Banalitäten ein für allemal aus der Welt schaffen. Es ist an der Zeit, sich in den Nichteinmischungspakt hineinzumischen, um die Nichteinmischung zu dumidizieren.

Die Geldentwertung

Vortrag, gehalten von Herrn Hepperteppemeppi, der sich in angeheitertem Zustand befindet

Die Worte meines Vorredners, ich möchte es unterlassen, mich zu Worte zu melden, da ich betrunken sei, ist nicht wichtig. – Ich bin – das verneine ich nicht – nicht betrunken–, sondern – ich gebe zu – etwas – angeheitert. Wer kann bestreiten, daß ein heiterer, vielmehr angeheiterter Mensch nicht auch ernste Angelegenheiten zu debattieren imstande sein kann – wie viele Redner waren schon nüchtern und haben einen furchtbaren Papp zusammengepappt – vielmehr gepappelt. Zu meinem heutigen Thema über die Geldaufwertung – oder Ab- oder Entwertung möchte ich die Erklärung konstatieren, daß es sich um eine finanzielle Angelegenheit handelt. Es ist ein schmieriges – Verzeihung – ein schwieriges Problem von fantastischer – ah, fanatischer Bedeutung. Die Aufwertung hat mit einer Stabilität nichts gemein – gemein wäre das, wenn die Entwertung oder Auswertung einer Aufwertung gleichkäme, dann ist eine Installation unausbleiblich. Eine Auflocherung, vielmehr Auflockerung des Wirtschaftslebens wird nur dann konfisziert, oder besser gesagt kompliziert, wenn das Ausland Kompromißemanzipationen entgegennimmt. Unsere Mark stinkt – ah, sinkt in dem Moment, wenn... jetzt weiß ich nicht mehr, was ich hätt sagen wollen – aber es ist so. Was ist heute eine Mark? – Ein Papierfetzen. Außerdem sind es nur zwei Fuchzgerln. Fuchzgerln aus Hartgeld, und das ist ein schäbiges Blech, genannt Amilinium. Warum werden heute keine Goldmünzen mehr geprägt? – Sehr einfach, weil wir kein Gold mehr haben. Wir haben keins mehr, weil das ganze Gold zu Goldplomben verarbeitet wurde. Die Ursache – das Volk hat schlechte Zähne, weil wir vor dem Krieg zu viel Süßigkeiten genossen haben. Alles wollte nur Goldplomben nach dem wahren Sprichwort: Morgenstund hat Gold im Mund. Jetzt ist es zu spät für Goldplomben – es ist sogar heute nicht mehr möglich, sich Zementplomben machen zu lassen, weil es auch keinen Zement mehr gibt. Daher wieder Papiergeld. Raus mit den braunen Tausendern, die braune Farbe hat gar nichts zu tun damit, die waren schon braun im achtzehnten Jahrhundert, damals waren wir noch gar nicht verbrannt. – Also, wertet die braunen Tausender wieder auf, man braucht sie nur zu suchen, die sind alle vergraben – raus mit dem Papiergeld – wir brauchen kein Hartgeld – das Geld ist sowieso hart zu verdienen – oder schafft das Geld ganz ab und damit zugleich auch die Kriege ab – denn Geld regiert die Welt, das weiß jedes junge Kind. Geld ist ein Kapitel für sich – Kapital ist die Ursache jedes Krieges – also nieder mit dem Kapital! – Es lebe der Krieg – ah – nieder mit dem Krieg! Nieder mit dem Krieg – es lebe das Kapital. – Nieder mit dem Finanzamt – es lebe die Geldentwertung. – Nieder mit dem Hartgeld – es lebe das Weichgeld. – Nieder mit den Lebendigen – es leben die Toten. – Nieder mit den Hohen – es leben die Niedrigen. – Nieder mit den Niedrigen – es leben die ganz Niedrigen. – Nieder mit dem Verstand – es lebe der Blödsinn.

Die Friedenspfeife

Lange vor dem Umschein einer verkrümten Nacht saßen sie zusammen. Wolkenlos ballten sich weiße Nebelschwaden zuhauf. Es kargte an diesem und jenem. – So aber ist es. – Wenn der Mensch sich selbst abgibt, dann wird sein Sein betrübt durch seine gewollte Selbstbejahung. – Aber laßt sie alle elendidieren und laßt diese Kopflosen alle wieder behaupten. Eines Nachts werden die Hexen nicht zum Ziele kommen, sondern das Ziel kommt zu ihnen.

Und wenn Aefa und Ufa sich zürnend und tobend in die Augenmuscheln schreien, liegt Aeufa auf dem satten Rasen und raucht die Friedenspfeife.

Dialoge und Streitgespräche

Am Heuboden

ANNI: Simmerl, Simmerl! Wo bist denn?

SIMMERL: Do!

ANNI: Wo?

SIMMERL: Do!

ANNI: I seh di ja net.

SIMMERL: Deswegn bin i do da.

ANNI: Ja, hörn tua i di scho, aber sehn tua i di net.

SIMMERL: Ja, des ko i scho versteh, weilst halt im Finstern nix siehst.

ANNI: Aba warum hört man nacha im Finstern was?

SIMMERL: Ja warum? Hörst du ebba jetzt grad was?

ANNI: Freili! Di hör i!

SIMMERL: Warum grad ausgrechnet mi?

ANNI: Weil halt sunst wahrscheinli neamand da is.

SIMMERL: Ja, woaßt du des gwiß?

ANNI: Freili woaß i des gwiß, sunst tat i do außer dir no ebbs hörn.

SIMMERL: Hörst du mi denn aa, wenn i nix red?

ANNI: Sell woaß i net; red amal nix, ob i nacha was hör.

SIMMERL: Ja, jetzt paß auf, jetzt red i nix. – – – – – Hast des jetzt ghört, wia i nix gredt hab?

ANNI: Ja tadellos – und des hab i nacha ghört, wias d' gsagt hast: »Hast des jetzt ghört, wia i nix gredt hab?«

SIMMERL: So, des hast ghört? – Aber des andere net?

ANNI: Was für a anders?

SIMMERL: No ja, wia i nix gredt hab.

ANNI: Na, zuaghört hab i scho, aber ghört hab i nix.

SIMMERL: Des is gspaßig, gell, mit dera Hörerei.

ANNI: Ja, des is wohl gspaßig. – Du, Simmerl! Probiern ma des gleiche mit'm Sehn aa, statt mit'm Horchn; schaug amal net, ob i di na seh.

SIMMERL: Ja, is scho recht. – Jetzt schaug i amal net. – – – – – Jetzt hab i net gschaugt, hast mi gsehn?

ANNI: Naa!

SIMMERL: Hast mi wirklich net gsehn?

ANNI: Naa!

SIMMERL: Ja, wo hast'n nacha dann hingschaugt?

ANNI: Nirgends.
SIMMERL: Warum hast denn dann nirgends hingschaugt?
ANNI: Ja, wo hätt i denn sonst hinschaun solln?
SIMMERL: Ja mei, zu mir her hättst schaun solln!
ANNI: Im Finstern seh i di do net.
SIMMERL: Ja, warum net?
ANNI: Wenn du des net woaßt, wia soll's denn dann i wissn? Wo i doch vui dümmer bin als du.
SIMMERL: Naa, Anni, des kannst aa net sagn, mir zwoa san scho gleich dumm, sunst kunnt ma net so saudumm daherredn.
ANNI: War des saudumm, was mir jetzt grad gredt ham?
SIMMERL: Naa, ganz saudumm no net.
ANNI: No net? – Was is denn nacha ganz saudumm?
SIMMERL: Ganz saudumm wär zum Beispiel des, wenn i zu dir gsagt hätt: »Anni, halt dir amal d' Ohrn zua, dann schaug i, ob i di riach.«
ANNI: So, des is ganz saudumm?
SIMMERL: Ja, des wär ganz saudumm.
ANNI: O mei, bin i saudumm, daß i net amal gwußt hab, was ganz saudumm is!

In der Apotheke

KARL VALENTIN: Guten Tag, Herr Apotheker.
LIESL KARLSTADT: Guten Tag, mein Herr, Sie wünschen?
K. V.: Ja, das ist schwer zu sagen.
L. K.: Aha, gewiß ein lateinisches Wort?
K. V.: Nein, nein, vergessen hab ich's.
L. K.: Na ja, da kommen wir schon drauf, haben Sie kein Rezept?
K. V.: Nein!
L. K.: Was fehlt Ihnen denn eigentlich?
K. V.: Nun ja, das Rezept fehlt mir.
L. K.: Nein, ich meine, sind Sie krank?
K. V.: Wie kommen Sie denn auf so eine Idee? Schau ich krank aus?
L. K.: Nein, ich meine, gehört die Medizin für Sie oder für eine andere Person?

K. V.: Nein, für mein Kind.

L. K.: Ach so, für Ihr Kind. Also, das Kind ist krank. Was fehlt denn dem Kind?

K. V.: Dem Kind fehlt die Mutter.

L. K.: Ach, das Kind hat keine Mutter?

K. V.: Schon, aber nicht die richtige Mutter.

L. K.: Ach so, das Kind hat eine Stiefmutter.

K. V.: Ja ja, leider, die Mutter ist nur stief statt richtig, und deshalb muß sich das Kind erkältet haben.

L. K.: Hustet das Kind?

K. V.: Nein, es schreit nur.

L. K.: Vielleicht hat es Schmerzen?

K. V.: Möglich, aber es ist schwer. Das Kind sagt nicht, wo es ihm weh tut. Die Stiefmutter und ich geben uns die größte Mühe. Heut hab ich zu dem Kind gsagt, wenn du schön sagst, wo es dir weh tut, kriegst du später mal ein schönes Motorrad.

L. K.: Und?

K. V.: Das Kind sagt es nicht, es ist so verstockt.

L. K.: Wie alt ist denn das Kind?

K. V.: Sechs Monate alt.

L. K.: Na, mit sechs Monaten kann doch ein Kind noch nicht sprechen.

K. V.: Das nicht, aber deuten könnte es doch, wo es die Schmerzen hat, wenn schon ein Kind so schreien kann, dann könnt's auch deuten, damit man weiß, wo der Krankheitsherd steckt.

L. K.: Hat's vielleicht die Finger immer im Mund stecken?

K. V.: Ja, stimmt!

L. K.: Dann kriegt es schon die ersten Zähne.

K. V.: Von wem?

L. K.: Na ja, von der Natur.

K. V.: Von der Natur, das kann schon sein, da braucht's aber doch net schrein, denn wenn man was kriegt, schreit man doch nicht, dann freut man sich doch. Nein, nein, das Kind ist krank, und meine Frau hat gsagt: Geh in d' Apothekn und hol einen – – –?

L. K.: Kamillentee?

K. V.: Nein, zum Trinken ghört's nicht.

L. K.: Vielleicht hat's Würmer, das Kind.

K. V.: Nein, nein, die tät man ja sehn.

L. K.: Nein, ich mein innen.

K. V.: Ja so, innen, da haben wir noch nicht reingschaut.

L. K.: Ja, mein lieber Herr, das ist eine schwierige Sache für einen Apotheker, wenn er nicht erfährt, was der Kunde will!

K. V.: D' Frau hat gsagt, wenn ich den Namen nicht mehr weiß, dann soll ich an schönen Gruß vom Kind ausrichten, von der Frau vielmehr, und das Kind kann nicht schlafen, weil's immer so unruhig ist.

L. K.: Unruhig? Da nehmen Sie eben ein Beruhigungsmittel. Am besten vielleicht: Isopropilprophemilbarbitursauresphenildimethildimenthylaminophirazolon.

K. V.: Was sagn S'?

L. K.: Isopropilprophemilbarbitursauresphenildimethildimenthylaminophirazolon.

K. V.: Wie heißt des?

L. K.: Isopropilprophemilbarbitursauresphenildimethildimenthylaminophirazolon.

K. V.: Jaaaa! Des is 's! So einfach, und man kann sich's doch nicht merken!

Im Zoologischen Garten

Mit Tierimitationen: Löwengebrüll, Wolfsgeheul usw.

BILLETEUR: Bitte die Herrschaften Billetten vorzeigen!

KARL VALENTIN: Was heißt: Billetten vorzeigen! Haben Sie noch kein Billett gesehn vom Zoologischen Garten?

BILLETEUR: Schon viele, aber die Ihren noch nicht.

K. V.: Die sind doch alle gleich.

LIESL KARLSTADT: Des is doch wegn der Kontrolle.

K. V.: I brauch koa Kontrolle, i bin koa Schwindler, oder glaubn Sie...

L. K.: Geh zua, werst wohl net streiten wegen dene zwei Billetten! – Ah, da schau nüber, da is schon ein Riesenelefant.

K. V.: Wo?

L. K.: Da drüben.

K. V.: Des is doch kein Elefant, des is doch ein Nilpferd.

L. K.: Jaja, ich weiß schon, ich hab mich nur versprochen.

K. V.: Da schau her, Kunigunde, der wunderbare Tintenfisch da oben!

L. K.: Wo oben?

K. V.: Da oben.

L. K.: Des is doch kein Tintenfisch, des is ja a Steinadler.

K. V.: Jaja, Steinadler wollt ich sagen, ich hab mich auch nur versprochen.

L. K.: Ah, da schau her, sibirische Wölfe, und wie die unheimlich heulen.

K. V.: Jaja, des sind auch unheimliche Raubtiere, die müssen auch unheimlich heulen, das würde sich dumm anhören, wenn die Wölfe zwitschern würden.

L. K.: Naja, genauso blöd wäre es, wenn a Schwalbe heulen würde. – Käfig Nr. 5, Das Nashorn. Warum heißt das Nashorn?

K. V.: Weil's auf der Nase ein Horn hat.

L. K.: Ja, wia is denn des dann beim Elefant?

K. V.: Naja, der hat eine Ele am Fant.

L. K.: Nein, der hat einen Rüssel am Kopf, der müßte eigentlich Rüsselkopf heißen!

K. V.: Sag's ihm!

L. K.: Wem, dem Elefant?

K. V.: Nein, dem zoologischen Besitzer. – Du, da schau her, die netten kleinen Affen, da sagen die Leut immer, wir gleichen den Affen – *Schreien* – des find i net, mir san doch viel größer!

L. K.: Da schau her, das ist eine Gemeinheit, da zahlt man eine Mark Eintritt – *Zwitschern* – und da sieht man einen gewöhnlichen Spatz!

K. V.: Stimmt, das ist ein Spatz, vielleicht is der in'n zoologischen Garten hereingeflogen. Wenn er nicht im Katalog steht, gehört er nicht herein. – Schau, Nr. 22, Pelikane.

L. K.: Und was sind das für kleine weiße Dreckhäufchen, die auf dem Beton liegen?

K. V.: Das ist der Abfall von de Pelikane, das Pelikanol, das wird in Tuben gefüllt und kostet dann 30 Pfennige.

L. K.: Hier ist ein Orang-Utan, ein Menschenaffe.

K. V.: Der schaut aber wirklich blöd. Alte, stell dich net so nah an das Gitter hin, sonst weiß der Aff net, bist du im Käfig oder er. *Gebrüll.*

L. K.: Horch, was is denn das für ein Gebrüll?

K. V.: Das sind wahrscheinlich die Brillenschlangen. – Käfig Nr. 24, Der Fuchs. Moanst, Alte, daß des der Fuchs is?

L. K.: Was für a Fuchs?

K. V.: No ja, der wo damals die Gans gstohln hat.

L. K.: Du fads Mannsbild, mit deine blöden Witz! – Ja, was is denn des, des is ja a Storch! Du, Alter, moanst, des is der Storch?

K. V.: Was denn für a Storch?

L. K.: No ja, der wo die kleinen Kinder bringt.

K. V.: Du fads Frauenzimmer du, mit deine blöden Witz!

Raubtiergebrüll.

L. K.: Du, jetzt müaß ma ins Raubtierhaus – um vier Uhr is Fütterung sämtlicher Raubtiere! – Komm!

K. V.: Nein, das mag ich nicht sehn.

L. K.: Warum nicht?

K. V.: Ich kann's auch nicht leiden, wenn mir wer beim Essen zuschaut.

Der Hasenbraten

MANN: Elisabeth! – Ich hab doch Hunger, was is denn heute mit dem Hasenbraten?

FRAU: Der ist noch nicht fertig, aber die Suppe steht schon am Tisch.

MANN *schlürft:* Na, die Suppe ist heut wieder ungenießbar.

FRAU: Wieso? Des is sogar heut eine ganz feine Suppn.

MANN: Das sagt ja auch niemand, daß die Suppn nicht fein ist, ich mein nur, sie ist ungenießbar, weil s' so heiß ist.

FRAU: Eine Suppe muß heiß sein.

MANN: Gewiß! Aber nicht zu heiß!

FRAU: Dddddd – alle Tag und alle Tag das gleiche Lied, entweder ist ihm d' Suppn zu heiß, oder sie ist ihm zu kalt; jetzt will ich dir amal was sagn: Wenn ich dir nicht gut genug koch, dann gehst ins Wirtshaus zum Essen.

MANN: Des is gar net notwendig, die Suppn is ja gut, nur zu heiß.

FRAU: Dann wartest halt so lang, bis s' kalt is.

MANN: Eine kalte Suppn mag ich auch nicht.

FRAU: Dann – jetzt hätt ich bald was gsagt.

MANN: Ich weiß schon – nach'm Essen.

FRAU: Jeden Tag und jeden Tag muß bei uns gestritten werden, anders geht's nicht.

MANN: Naja, du willst es ja nicht anders haben.

FRAU: So, bin ich vielleicht der schuldige Teil?

MANN: Na, wer denn, hab ich die Suppn kocht?

FRAU: Eine kochende Suppe is immer heiß.

MANN: Ja, vielleicht kochst du s' zu heiß!

FRAU: Zu lang? Nein, nein, morgn häng i an Thermometer in Suppentopf nei, damit der Herr Gemahl a richtig temperierte Suppn bekommt.

MANN: Eine gute Köchin braucht kein Thermometer zum Suppnkochen.

FRAU: Jaja, nun kommt die spöttische Seite, so geht's ja jeden Tag, zuerst nörgelt er, und dann kommt der Spott auch noch dazu.

MANN: Was heißt nörgeln. Ich habe doch als Mann das Recht zu sagen, die Suppe ist mir zu heiß.

FRAU: Jetzt fangt er wieder mit der heißen Suppn an; es ist wirklich zum Verzweifeln.

MANN: Du brauchst nicht zu verzweifeln, du sollst die Suppe so auf den Tisch stellen, wie sie sein soll, nicht zu kalt und nicht zu heiß.

FRAU: Aber jetzt ist sie doch nicht mehr zu heiß!

MANN: Jetzt nicht mehr, aber wie du sie hereingetragen hast, war sie zu heiß.

FRAU: Schau, schau, er hört nicht mehr auf, er bohrt immer wieder in dasselbe Loch hinein.

MANN: Wieso, was soll das heißen?

FRAU: Weil du immer wieder mit der heißen Suppn daherkommst.

MANN: Du bist doch mit der heißn Suppn dahergekommen, nicht ich, du drehst ja den Stiel um.

FRAU: Du bist und bleibst ein Streithammel. – – Du, horch! – Was riecht denn da so komisch?

MANN: Ich hör auch was – da brandelt was.

FRAU: Hast vielleicht wieder ein brennende Zigarette auf den Teppich geworfen?

MANN: Ich hab ja heute noch nicht geraucht, und wenn ich geraucht hätte, dann hätt ich die Zigarette nicht auf den Teppich, sondern in den Aschenbecher geworfen.

FRAU: Ich hab's ja auch nicht behauptet, ich hab ja nur gemeint, und meinen werd ich noch dürfen. Um Gottes willen, der Rauch kommt ja aus dem Gang!

MANN: No, so geh halt naus und schau, was los ist.

FRAU: Mein Gott! – Die ganze Küche ist voll Rauch. *Macht die Ofentüre auf.* Jessas, der Has ist verbrannt!

MANN: Jaja, bei uns muß ja immer was los sein!

FRAU: So! – *Kommt aus der Küche auf den Mann zu und zeigt ihm den Braten.* Da schau her, da schau her, da haben wir jetzt die Bescherung! Mit deiner ewigen Streiterei ist unser ganzes Essen verbrannt.

MANN: Mahlzeit! – Und drinnen waltet die tüchtige Hausfrau!

FRAU: Wer ist denn schuld? Du! Mit deinem ewigen Streiten und Nörgeln!

MANN: Ich habe nicht gestritten und genörgelt, ich hab ja nur gesagt, daß die Suppe zu heiß ist!

FRAU: Jetzt fangt er wieder an mit der heißen Suppn, ich lauf noch auf und davon!

MANN: Auf brauchst gar nicht laufen, nur davon! – Genügt mir vollständig.

FRAU: Mit lauter Streiten hab ich ganz drauf vergessen, und der arme, arme Has ist jetzt im glühenden Ofenrohr jämmerlich verbrannt. – Essen kannst 'n nimmer!

MANN: Das glaub ich! Aber dem Tierschutzverein werd ich 's melden!

Der Radfahrer

SCHUTZMANN: Halt!

Valentin blinzelt den Schutzmann an.

SCHUTZMANN: Was blinzeln Sie denn so?

VALENTIN: Ihre Weisheit blendet mich, da muß ich meine Schneebrille aufsetzen.

SCHUTZMANN: Sie haben ja hier eine Hupe, ein Radfahrer muß

doch eine Glocke haben. Hupen dürfen nur die Autos haben, weil die nicht hupen sollen.

VALENTIN *drückt auf den Gummiball:* Die meine hupt nicht.

SCHUTZMANN: Wenn die Hupe nicht hupt, dann hat sie doch auch keinen Sinn.

VALENTIN: Doch – ich spreche dazu! Passen Sie auf, immer wenn ich ein Zeichen geben muß, dann sage ich »Obacht«!

SCHUTZMANN: Und dann haben Sie keinen weißen Strich hinten am Rad!

VALENTIN: Doch! *Zeigt seine Hose.*

SCHUTZMANN: Und Rückstrahler haben Sie auch keinen.

VALENTIN: Doch! *Sucht in seinen Taschen nach.* Hier!

SCHUTZMANN: Was heißt in der Tasche – der gehört hinten hin.

VALENTIN *hält ihn auf die Hose:* Hier?

SCHUTZMANN: Nein – hinten auf das Rad – wie ich sehe, ist das ja ein Transportrad – Sie haben ja da Ziegelsteine, wollen Sie denn bauen?

VALENTIN: Bauen – ich? Warum soll ich auch noch bauen? Wird ja so viel gebaut.

SCHUTZMANN: Warum haben Sie dann die schweren Steine an Ihr Rad gebunden?

VALENTIN: Damit ich bei Gegenwind leichter fahre, gestern in der Früh zum Beispiel ist so ein starker Wind gegangen, da hab ich die Steine nicht dabei gehabt, ich wollt nach Sendling nauf fahren, daweil bin ich nach Schwabing nunter kommen.

SCHUTZMANN: Wie heißen Sie denn?

VALENTIN: Wrdlbrmpfd.

SCHUTZMANN: Wie?

VALENTIN: Wrdlbrmpfd.

SCHUTZMANN: Wadlstrumpf?

VALENTIN: Wr–dl–brmpfd!

SCHUTZMANN: Reden S' doch deutlich, brummen S' nicht immer in Ihren Bart hinein.

VALENTIN *zieht den Bart herunter:* Wrdlbrmpfd.

SCHUTZMANN: So ein saublöder Name! – Schaun S' jetzt, daß Sie weiterkommen.

VALENTIN *fährt weg, kehrt aber noch einmal um und sagt zum Schutzmann:* Sie, Herr Schutzmann –

SCHUTZMANN: Was wollen Sie denn noch?

VALENTIN: An schönen Gruß soll ich Ihnen ausrichten von meiner Schwester.

SCHUTZMANN: Danke – ich kenne ja Ihre Schwester gar nicht.

VALENTIN: So eine kleine stumpferte – die kennen Sie nicht? Nein, ich hab mich falsch ausgedrückt, ich mein, ob ich meiner Schwester von Ihnen einen schönen Gruß ausrichten soll?

SCHUTZMANN: Aber ich kenne doch Ihre Schwester gar nicht – wie heißt denn Ihre Schwester?

VALENTIN: Die heißt auch Wrdlbrmpfd.

Semmelnknödeln

LIESL KARLSTADT: Ja sag einmal, warum bist du denn heute mittag nicht zum Essen gekommen? Zwei Stunden hab ich auf dich gewartet.

KARL VALENTIN: Ja, ich hab da draußen gleich gegessen, wo ich zu tun ghabt hab, in der kleinen Wirtschaft, und da ißt man sehr gut, fast tadellos.

L. K.: No, so gut, wie ich koche, wird's bestimmt nicht sein.

K. V.: Doch, doch.

L. K.: Aber jetzt ist es neun Uhr abends, wo warst du denn in der langen Zwischenzeit?

K. V.: Nirgends, da hab ich auf das Mittagessen gewartet.

L. K.: Ja, ist dir denn das nicht zu langweilig geworden?

K. V.: Nein – in der Zwischenzeit hab ich mit der Kassierin gesprochen.

L. K.: Was, neun Stunden warst du mit der Kassierin beisammen? Über was habt ihr denn da gesprochen?

K. V.: Ja über des, daß die Semmelnknödeln so lange nicht kommen.

L. K.: So lang wartet doch kein vernünftiger Mensch auf das Mittagessen.

K. V.: Da war ich ja nicht vernünftig, ich war ja hungrig.

L. K.: Papperlapapp – wenn man das Essen um zwölf Uhr bestellt, und in einer halben Stunde ist es noch nicht da, dann geht man einfach.

K. V.: Freilich, dann frißt s' ein anderer für mich.

L. K.: Und ausgerechnet Semmelknödel hat er sich bestellt, wo doch ich heute auch Semmelknödel gemacht habe.

K. V.: Was, dieselben?

L. K.: Ah, dieselben! Unsinn – andere hab ich halt gemacht, aber Semmelknödel sind Semmelknödel.

K. V.: ... deln.

L. K.: Was deln?

K. V.: Semmelnknödeln heißt's.

L. K.: Ich hab ja gsagt Semmelknödel.

K. V.: Nein, Semmelnknödeln.

L. K.: Nein, man sagt schon von jeher Semmelknödel.

K. V.: Ja, zu einem – aber zu mehreren Semmelknödel sagt man Semmelnknödeln.

L. K.: Aber wie tät man denn zu einem Dutzend Semmelknödel sagen?

K. V.: Auch Semmelnknödeln – Semmel ist die Einzahl, das mußt Ihnen merken, und Semmeln ist die Mehrzahl, das sind also mehrere einzelne zusammen. Die Semmelnknödeln werden aus Semmeln gemacht, also aus mehreren Semmeln, du kannst nie aus einer Semmel Semmelnknödeln machen.

L. K.: Machen kann man's schon.

K. V.: Jaja, machen schon, aber wenn du aus einer Semmel zehn Semmelnknödeln machen tätst, dann würden die Semmelnknödeln so klein wie Mottenkugeln. Dann würde das Wort Semmelknödeln schon stimmen. Weil s' bloß aus einer Semmel sind. Aber solang die Semmelnknödeln aus mehreren Semmeln gemacht werden, sagt man unerbitterlich: Semmelnknödeln.

L. K.: Da sagst es aber auch nicht richtig, jetzt hast grad gsagt Semmelnknödeln.

K. V.: Nein, ich hab gsagt Semmelnknödeln.

L. K.: Richtig muß es eigentlich Semmelnknödeln heißen, die Semmel muß man betonen, weil die Knödel aus Semmeln gemacht sind – überhaupt das Wichtigste ist der Knödel – Semmelknödeln müßte es ursprünglich heißen.

K. V.: Nein, das Wichtigste ist das n zwischen Semmel und Knödeln.

L. K.: Ja wie heißt es dann bei den Kartoffelknödeln?

K. V.: Dasselbe n, Kartoffel n knödeln.
L. K.: Und bei den Schinkenknödeln ah – hahaha –
K. V.: Da ist's genauso – da ist das n schon zwischendrin, es gibt keine Knödeln ohne n.
L. K.: Doch, die Leberknödeln.
K. V.: Ja, stimmt – Lebernknödeln kann man nicht sagen!

Interessante Unterhaltung

B: So, heut hättn S' Zeit? Also, gehn S' mit.
V: Wohin?
B: Irgendwohin.
V: Ja, da war i scho amal!
B: So?
V: Ja!
B: So, da warn Sie schon amal?
V: Ja, öfters scho!
B: Ja, dann hat's keinen Sinn, i hab gmeint, Sie warn überhaupt noch nicht dort.
V: Naa! Naa! Überhaupt scho glei gar net.
B: Da müssn S' scho entschuldigen, des hab i net gwußt.
V: Selbstverständlich, das haben S' ja nicht wissen können.
B: No, des will i grad net sagn – da Peter war ja aa no net drüben.
V: Der Peter aa no net?
B: Naa.
V: Vom Peter hätt i des net vermutet. – So, der war aa no net dort?
B: Ja – i kann's net mit Sicherheit sagn – vielleicht war er vorher scho amal dort.
V: Des kann aa sein.
B: Der Peter is eben so a Mensch, wenn der sagt, er geht da und da hin, na geht er auch hin!
B: San S' dann hinganga?
V: Ja – bin aber net lang dort bliebn.
B: Des is lang gnua.
V: Des sag i aa – was hab i denn davon? – Is schad um d' Zeit.
B: Das stimmt! – Zeit ist Geld!

V: Naa – des stimmt net. – Zeit hab i gnua, aber kein Geld! – Wenn i soviel Geld hätt wie Zeit, dann hätt i mehr Geld wie Zeit.
B: Dann hättn Sie keine Zeit mehr, daß Sie mit mir wohin gehen.
V: Dann nicht, aber heut hätt ich noch Zeit.
Wieder von vorne anfangen.

Die Fremden

LIESL KARLSTADT: Wir haben in der letzten Unterrichtsstunde über die Kleidung des Menschen gesprochen, und zwar über das Hemd. Wer von euch kann mir nun einen Reim auf Hemd sagen?
KARL VALENTIN: Auf Hemd reimt sich fremd!
L. K.: Gut – und wie heißt die Mehrzahl von fremd?
K. V.: Die Fremden.
L. K.: Jawohl, die Fremden. – Und aus was bestehen die Fremden?
K. V.: Aus »frem« und aus »den«.
L. K.: Gut – und was ist ein Fremder?
K. V.: Fleisch, Gemüse, Obst, Mehlspeisen und so weiter.
L. K.: Nein, nein, nicht was er ißt, will ich wissen, sondern wie er ist.
K. V.: Ja, ein Fremder ist nicht immer ein Fremder.
L. K.: Wieso?
K. V.: Fremd ist der Fremde nur in der Fremde.
L. K.: Das ist nicht unrichtig. – Und warum fühlt sich ein Fremder nur in der Fremde fremd?
K. V.: Weil jeder Fremde, der sich fremd fühlt, ein Fremder ist, und zwar so lange, bis er sich nicht mehr fremd fühlt, dann ist er kein Fremder mehr.
L. K.: Sehr richtig! – Wenn aber ein Fremder schon lange in der Fremde ist, bleibt er dann immer ein Fremder?
K. V.: Nein. Das ist nur so lange ein Fremder, bis er alles kennt und gesehen hat, denn dann ist ihm nichts mehr fremd.
L. K.: Es kann aber auch einem Einheimischen etwas fremd sein!
K. V.: Gewiß, manchem Münchner zum Beispiel ist das Hofbräuhaus nicht fremd, während ihm in der gleichen Stadt das Deutsche Museum, die Glyptothek, die Pinakothek und so weiter fremd sind.

L. K.: Damit wollen Sie also sagen, daß der Einheimische in mancher Hinsicht in seiner eigenen Vaterstadt zugleich noch ein Fremder sein kann. – Was sind aber Fremde unter Fremden?

K. V.: Fremde unter Fremden sind: wenn Fremde über eine Brücke fahren, und unter der Brücke fährt ein Eisenbahnzug mit Fremden durch, so sind die durchfahrenden Fremden Fremde unter Fremden, was Sie, Herr Lehrer, vielleicht so schnell gar nicht begreifen werden.

L. K.: Oho! – Und was sind Einheimische?

K. V.: Dem Einheimischen sind eigentlich die fremdesten Fremden nicht fremd. Der Einheimische kennt zwar den Fremden nicht, kennt aber am ersten Blick, daß es sich um einen Fremden handelt.

L. K.: Wenn aber ein Fremder von einem Fremden eine Auskunft will?

K. V.: Sehr einfach: Frägt ein Fremder in einer fremden Stadt einen Fremden um irgend etwas, was ihm fremd ist, so sagt der Fremde zu dem Fremden, das ist mir leider fremd, ich bin hier nämlich selbst fremd.

L. K.: Das Gegenteil von fremd wäre also – unfremd?

K. V.: Wenn ein Fremder einen Bekannten hat, so kann ihm dieser Bekannte zuerst fremd gewesen sein, aber durch das gegenseitige Bekanntwerden sind sich die beiden nicht mehr fremd. Wenn aber die zwei mitsammen in eine fremde Stadt reisen, so sind diese beiden Bekannten jetzt in der fremden Stadt wieder Fremde geworden. Die beiden sind also – das ist zwar paradox – fremde Bekannte zueinander geworden.

Hausverkauf

Karl Valentin: Guten Tag, Sie wünschen?

Liesl Karlstadt: Ich komme wegen dem Haus.

K. V.: Sie meinen wegen dem Häuschen?

L. K.: In der Zeitung steht Haus.

K. V.: Nein, es ist ein kleines Haus, ein Häuschen.

L. K.: Ah, ein Häuslein, ein Häuselchen, ein Häuseleinchen. Steht das Häuschen im Freien?

K. V.: Da steht es doch!

L. K.: Ich komme auf das Zeitungsinserat; Sie haben doch das Haus zu verkaufen; ist das hier das Haus?

K. V.: Jawohl! Ich verkaufe es ungern, aber ich bin froh, wenn ich es los bin.

L. K.: Wie viele Stockwerke hat das Haus?

K. V.: Keines, nur Parterre.

L. K.: Ist es bewohnt?

K. V.: Momentan nicht, weil ich heraußen stehe.

L. K.: Wie viele Zimmer?

K. V.: Nur eins – dafür keine Treppe, kein Stiegenhaus.

L. K.: Ist das hier eine ruhige Gegend?

K. V.: Jawohl. Im Winter hören Sie nicht einmal das Auffallen der Schneeflocken; aber dafür gibt es im Sommer viele Ameisen, aber die gehen ganz leise.

L. K.: Wie steht es mit den Abortverhältnissen?

K. V.: Abort ist keiner im Haus.

L. K.: Ja, aber wenn man...

K. V.: Der Wald ist fünf Minuten von hier entfernt.

L. K.: Ja, aber bei Nacht?

K. V.: Auch nur fünf Minuten.

L. K.: Wann sind Sie in dieses Haus eingezogen?

K. V.: Einen Tag später.

L. K.: So früh schon! – Und wie ist es mit der Beleuchtung? Gas oder elektrisch?

K. V.: Im Haus und im Freien – überall elektrisch!

L. K.: Ich sehe aber nirgends eine elektrische Leitung.

K. V.: Nur elektrische Taschenlampe, brennt überall.

L. K.: Wie alt ist das Haus schon?

K. V.: Weiß nicht, hab's noch nicht gefragt.

L. K.: Sind Hypotheken drauf?

K. V.: Nein, nur ein Kamin.

L. K.: Was bedeuten diese vier Zimmerwände?

K. V.: Das sind Stützen.

L. K.: Für was?

K. V.: Fürs Hausdach.

L. K.: Ist Ungeziefer im Haus?

K. V.: Nein, ich bin noch Junggeselle.

L. K.: Soso!
K. V.: Jawohl!
L. K.: Legen Sie...
K. V.: Ich nicht!
L. K.: Einen Moment...
K. V.: Bitte!
L. K.: Legen Sie...
K. V.: Nein – aber meine Hühner.
L. K.: Legen Sie Wert darauf, daß das Haus bald verkauft wird?
K. V.: Nein, sofort – in sofortiger Bälde!
L. K.: Kaufen Sie sich dann wieder ein neues Haus?
K. V.: Niemals mehr! Ich suche ein altes, tausend Meter tiefes Bergwerk zu mieten.
L. K.: Und das wollen Sie dann bewohnen?
K. V.: Selbstverständlich!
L. K.: Das ist ja unheimlich!
K. V.: Schon – aber sicher!
L. K.: Vor wem?
K. V.: Vor Meteorsteinen.
L. K.: Aber Meteorsteine sind doch ganz selten.
K. V.: Schon, aber bei mir geht die Sicherheit über die Seltenheit.

Streit mit schönen Worten

SIE: Mei Ruh laß mir!
ER: Du mir auch!
SIE: Ich weiß schon, wieviel es gschlagen hat!
ER: Ich auch!
SIE: A andrer Mann geht auf d' Nacht in sein Wirtshaus und kommt in der Früh heim; aber das ist ja dir alles fremd, du fühlst dich ja nur am häuslichen Herd glücklich!
ER: Du hockst ja auch lieber daheim bei mir!
SIE: Ja, wenn du es nur einsiehst!
ER: Du hast mir noch jede Stunde meines Lebens verschönt!
SIE: Du mir genauso; und wenn ich noch so betrübt war, so warst es du, der mir jeden Wunsch von den Augen absah!

ER: Ja, weißt du noch, wie wir damals in jener Sommernacht allein auf einer Bank saßen? Du wolltest noch bleiben, und ich wollte noch bleiben, und dann kam der Schutzmann, der uns dann fragte, was wir denn da wollen.

SIE: Ja, und dann warst du es, der gesagt hat: Ach, lassen Sie uns doch allein!

ER: Ja, das weiß ich noch, aber Gott sei Dank war der Schutzmann dann vernünftiger und ist gegangen.

SIE: Drum sag ich es tausendmal: hätte ich nur einen andern kennengelernt als dich, was hätt ich denn an einem andern gehabt: nichts als Verdruß und Ärger!

ER: Ach, wenn man dich so ansieht. Du bist ja so eine – ach, ich kann mich gar nicht ausdrücken – so ein liebes Ding, daß ich dir gleich stundenlang in die Augen schauen könnte!

SIE: Du kannst natürlich nichts als einem Sachen ins Gesicht schleudern, die leider wahr sind! Aber meine liebe Frau Schwiegermutter ist ja dieselbe wie ihr Herr Sohn; die kann ja auch sonst nichts, als mir recht schön ins Gesicht tun und hinter meinem Rücken lobt sie mich, wo sie mich nur loben kann! Aber da bin ich ihr gut genug, daß ich ihr meine ganze Wäsche waschen lasse, alle Näharbeiten laß ich ihr zukommen, ohne einen Pfennig zu verlangen; da ist man dann die Schwiegertochter hinten und vorne! Zum Weihnachtsfest alle Jahre hab ich von ihr die schönsten Präsente angenommen ohne ein Wort zu sagen; aber das ist scheint's alles vergessen!

ER: Aber meiner lieben Schwiegermutter fehlt auch nichts! Wie oft hab ich einen kleinen Seitensprung gemacht, bei dem sie mich ertappte – nichts hat sie dir davon gesagt! Verheimlicht hat sie dir alles!

SIE: Das sind ja unplumpe Vertraulichkeiten! Das sagst du ja nur zu mir, daß ich dich noch lieber haben sollte, als ich dich sowieso schon habe. Mit derlei Sachen kannst du mich nicht aus der Ruhe bringen, und wenn du mir's nicht zu bunt machst, dann pack ich meine sieben Zwetschgen zusammen und bleib erst recht bei dir!

ER: Du darfst dich nicht beklagen, denn so gemeint war es ja nicht. *Haut mit der Faust auf den Tisch.* Ich verbitte mir nun endlich deine Zudringlichkeiten! Ich hab dir heute schon mindestens hundert Küsse gegeben, und mehr braucht eine Frau nicht an einem Tag!

SIE: Das ist eine unverschämte Lüge von dir! Du bist ein ganz gewalttätiger Mensch; das hat sich an meinem Namenstag gezeigt, als du mir den teuren Pelzmantel gekauft hast, und ich wollte nur einen gewöhnlichen Lodenmantel.

ER: So, jetzt machst du mir noch Vorwürfe, aber ich werde es mir merken! Zu deinem Geburtstag bekommst du von mir für deine impertinente Bescheidenheit 500 Mark, dann kannst du dir kaufen, was du willst; dann brauch ich mich wenigstens nicht mehr freuen über deine Dankbarkeit!

SIE: Jaja, jetzt kommt natürlich wieder der Vorwurf, das bin ich ja an dir schon gewöhnt! Ich verbitte mir ab heute von dir jede Unzudringlichkeit, sonst werde ich dir den Himmel kalt machen. Es heißt zwar die Hölle heiß machen, aber bei dir ist das alles fruchtlos!

ER: Eleonore, sei doch nicht unvernünftig! Wollen wir uns doch wieder vertragen! Wozu immer diese aufregenden Schmeicheleien? Sagen wir uns doch lieber in aller Ruhe die Gemeinheiten direkt ins Gesicht!

SIE: Ja, du saudummer Kerl! Da hast recht! Da bin ich sofort damit einverstanden.

ER: Na also, du Rindviech, du depperts! Siehst, es geht auch so!

Pessimistischer Optimismus

LANG: Soso, Sie sind Pessimist?

KARL VALENTIN: Und Sie? – Optimist!

LANG: Ja.

K. V.: Sie sehn also alles rosig.

LANG: Jawohl – alles!

K. V.: Die Rosen auch?

LANG: Na – die werden Sie doch auch rosig sehen!

K. V.: Die schon – aber das ist auch das einzige, was ich rosig sehe!

LANG: Wie sehen Sie denn die Welt?

K. V.: Nur unrosig! – Wenn es auch in einem alten Lied heißt: Ja, die Welt ist schön...

LANG: Warum? – Finden Sie die Welt nicht schön?

K. V.: Nein! – Was soll denn da schön sein? – Das Unschöne geht doch schon mit der Geburt an. – Oder ist vielleicht die Geburt etwas Schönes? Fragen Sie mal darüber eine Hebamme oder einen Geburtshelfer.

LANG: Na gut – schön ist das nicht, aber – es ist halt mal so.

K. V.: Ja, das Es ist halt mal so – ist ja schon nicht schön! Schön wäre nach meiner Ansicht, wenn es nicht so wäre.

LANG: Na – wenn es nicht so wäre, dann wären Sie ja nicht auf der Welt.

K. V.: Ja, das wäre doch schön!

LANG: Wenn aber alle so denken würden wie Sie, dann wäre doch niemand auf der Welt.

K. V.: Ich sage Ihnen doch – dann wäre es doch schön.

LANG: Für wen?

K. V.: Für die Menschen, welche nicht auf der Welt sein müßten!

LANG: Menschen, die noch nicht auf der Welt waren, können doch nicht unterscheiden, ob es auf der Welt schön ist oder nicht.

K. V.: Das ist doch das Schöne, daß diese Menschen noch nicht auf der Welt waren.

LANG: Wie meinen Sie das?

K. V.: Ein Beispiel: Haben Sie schon etwas gehört vom Dreißigjährigen Krieg?

LANG: Gewiß!

K. V.: Was haben die Menschen, die zu dieser Zeit gelebt haben, alles mitgemacht! Können Sie sich das vorstellen?

LANG: Ja, diese Menschen haben Furchtbares erlebt! Alle Schrekken des Krieges – dazu noch Hungersnot und Pestilenzen.

K. V.: Na also – hätten Sie zu dieser Zeit auf der Welt sein wollen?

LANG: Nein! Gewiß nicht!

K. V.: Sehen Sie – war das nicht schön, daß Sie zu dieser Zeit nicht gelebt haben?

LANG: Stimmt!

K. V.: Also, daraus ersehen Sie doch, daß es für einen Menschen schön sein kann, selbst wenn er noch nicht gelebt hat – und genauso schön ist es für den Menschen, wenn er nach seinem Erdendasein nicht mehr lebt.

LANG: Ja – aber das Leben selbst haben Sie ja ganz übersprungen in Ihrer philosophischen Schilderung.

K. V.: Einen Moment! Es gibt allerlei Leben – es gibt zum Beispiel ein kurzes Leben – ein Kind wird geboren, und nach einer Stunde schon stirbt es. War das ein schönes Leben?

LANG: Nein! Aber es gibt doch auch ein langes Leben – es gibt doch Menschen, die über hundert Jahre lang leben. Und noch wünschen, länger zu leben.

K. V.: Gewiß, solche Fälle gibt es, aber was hat so ein alter Mensch noch von seinem Leben, insofern man dieses noch Leben nennen kann; völlig verkalkt, schon fast versteinert liegt er da – eine halbe Mumie könnte man sagen – zu nichts mehr fähig als zum Sterben.

LANG: Zu nichts mehr fähig, sagen Sie? Lesen Sie die Bibel – Abraham wurde siebenhundert Jahre alt und hatte fünfhundert Kinder.

K. V.: Na, na, na, na – Sie übertreiben – vierhundert Kinder soll er nur gehabt haben.

Buchbinder Wanninger

Der Buchbindermeister Wanninger geht in seiner Werkstätte ans Telefon und wählt eine Nummer.

PORTIER: Hier Baufirma Meisel & Compagnie.

BUCHBINDERMEISTER: Ja, hier ist der Buchbinder Wanninger. Ich möcht nur der Firma Meisel mitteilen, daß ich jetzt die Bücher, wo S' bstellt ham, fertig habe, und ob ich die Bücher hinschicken soll, und ob ich die Rechnung auch mitschicken darf.

PORTIER: Einen Moment, bitte.

BUCHBINDERMEISTER: Jawohl.

SEKRETARIAT: Hier Meisel & Compagnie, Sekretariat.

BUCHBINDERMEISTER: Ja, hier ist der Buchbinder Wanninger. Ich möcht Ihnen nur mitteilen, daß ich die, die Bücher da wo, daß ich die fertig hab, und ob ich die, die Ding da, die Bücher, hinschikken soll, und ob ich die Rechnung auch dann mit, gleich hinschicken soll – bitte.

SEKRETARIAT: Einen Moment, bitte.

BUCHBINDERMEISTER: Ja, ist schon recht.

DIREKTION: Direktion der Firma Meisel & Co.

BUCHBINDERMEISTER: Ä, hier ist der, der Buchbinder Wa-Wanninger. Ich möcht Ihnen nur und der Firma Meisel des mitteilen, daß ich die Ding, die Bücher jetzt fertig hab, und ob ich dann die Bücher hinschicken soll zu Ihnen, und ob ich die Rechnung dann auch gleich mit hinschicken soll – bitte.

DIREKTION: Ich verbinde Sie mit der Verwaltung, einen Moment, bitte, gell.

BUCHBINDERMEISTER: Ja, ist schon recht.

VERWALTUNG: Hier Baufirma Meisel & Co., Verwaltung.

BUCHBINDERMEISTER: Ha? Jawohl, hier ist der Buchbinder Wanninger. Ich möcht Ihnen nur mitteilen, daß ich die Bücher jetzt fertig gemacht hab und daß ich s' jetzt hinschick oder daß ich s' hinschicken soll, oder ob ich die Rechnung auch dann gleich mit hingeben soll.

VERWALTUNG: Rufen Sie doch bitte Nebenstelle dreiunddreißig an. Sie können gleich weiterwählen.

BUCHBINDERMEISTER: So, da muaß i glei – jawohl, ist schon recht, danke, bitte. *Geräusch der Wählscheibe.* Bin i neigieri.

NEBENSTELLE 33: Hier Baufirma Meisel & Compagnie.

BUCHBINDERMEISTER: Ja, der Ding ist hier, hier ist der – wer dort?

NEBENSTELLE 33: Hier Baufirma Meisel & Compagnie.

BUCHBINDERMEISTER: Ja, ich hab's dene andern jetzt scho a paarmal gsagt, ich möcht Ihnen nur des jetzt mitteilen, Fräulein, daß ich die Ding, die Bücher jetzt fertig habe, und ob ich die Bücher zu Ihnen hinbringen soll oder hintrage, und die Rechnung soll ich dann vielleicht eventuell auch gleich mitschicken, wenn Sie's erlauben.

NEBENSTELLE 33: Ja, einen Moment mal, ich verbinde Sie mit Herrn Ingenieur Plaschek.

BUCHBINDERMEISTER: Wie?

PLASCHEK: Hier Ingenieur Plaschek.

BUCHBINDERMEISTER: Ja, hier ist die Bau-, hier ist der – wer ist dort? Hier ist der Buchbinder Wanninger. Ich möcht Ihnen nur und der Firma mitteilen, daß ich jetzt die Bücher da fertig gmacht hab, die zwölf Stück, und ob die Bücher dann alle zu Ihnen hinkommen sollen, daß ich's hintrag, und ob ich d' Rechnung auch, auch hinoffe-offerieren sollte, bitte, zu Ihnen.

PLASCHEK: Ja, da weiß ich nichts davon.

BUCHBINDERMEISTER: So!

PLASCHEK: Fragen Sie doch mal bei Herrn Architekt Klotz an. Einen Moment mal, bittschön.

BUCHBINDERMEISTER: Wia hoaßt der? Was hat denn der für a Nummera? He! – Herrgottsakrament!

KLOTZ: Architekt Klotz.

BUCHBINDERMEISTER: Wanninger, Wanninger, ich hab, ich hab a, ich möcht dem Herrn Ingenieur nur das jetzt mitteilen, daß ich die Bücher schon fertig gemacht hab und die – und ob ich die Bücher jetzt nachher hinschicken soll zu Ihnen, weil ich die Rechnung auch gleich mit dabei hab, und die würd ich dann auch gleich – daß ich s' dazugeb vielleicht.

KLOTZ: Ja, da fragen Sie am besten Herrn Direktor selbst, der ist aber jetzt nicht in der Fabrik.

BUCHBINDERMEISTER: Wo is er nacha?

KLOTZ: Ich verbinde Sie gleich mit der Wohnung.

BUCHBINDERMEISTER: Naa, naa, passen S' auf, hallo!

DIREKTOR: Ja, hier ist Direktor Hartmann.

BUCHBINDERMEISTER: Ja, der Ding is hier, der Buchbinder Wanninger. Ich möcht nur anfragen, ob ich jetzt Ihnen des mitteilen soll wegen de Bücher, weil ich – die hab ich jetzt fertig gmacht in der Werkstatt, und jetzt hamma s' fertig, und ob ich s' Ihnen nachher mit der Rechnung auch hin-, mitschicken soll, wenn ich – ich hätt jetzt Zeit.

DIREKTOR: Ja, ich kümmere mich nicht um diese Sachen. Vielleicht weiß die Abteilung drei Bescheid; ich schalte zurück in die Firma.

BUCHBINDERMEISTER: Wer ist, wo soll i hingehn? – Herrgottsakrament.

ABTEILUNG III: Baufirma Meisel, Abteilung drei.

BUCHBINDERMEISTER: Ja, der Ding ist hier, der Buchbinder Wanninger, ich hab's jetzt dene andern scho so oft gsagt, ich möcht nur an Herrn Direktor fragn, daß ich die Bücher – fragen, daß ich die Bücher jetzt fertig hab, und ob ich s' nausschicka soll zu Ihna, und d' Rechnung hätt ich auch gschriebn, ob ich die auch gleich mit de Bücher, zamt de Bücher mit zum Herrn – Ihnen hinschikken soll, dann.

ABTEILUNG III: Einen Moment, bitte, ich verbinde mit der Buchhaltung.

BUCHHALTUNG: Firma Meisel & Compagnie, Buchhaltung.

BUCHBINDERMEISTER: Hallo, wie? Ja, der – ich möchte nur der Firma mitteilen, daß ich die Bücher jetzt fertig hab, net, und ich dadat s', dat s' jetzt Ihnen hin-hin-hinoweschicken, hinaufschikken in eichere Fabrik, und da möcht ich nur fragen, ob ich auch die Rechnung hin-hinbeigeben, beilegen soll, auch.

BUCHHALTUNG: So, so sind die Bücher nun endlich fertig, hören Sie, dann können Sie mir ja dieselben morgen vormittag gleich – ach, rufen Sie doch morgen wieder an, wir haben jetzt Büroschluß.

BUCHBINDERMEISTER: Wos? Jawohl, ja so, danke – entschuldigen S' vielmals! *Er hängt ein.* Saubande, dreckade!

Nein

V: Kennen Sie meinen Schwager?
B: Nein.
V: Den kennen Sie nicht?
B: Nein.
V: So. Ich hab geglaubt, Sie kennen ihn.
B: Nein.
V: Überhaupt nicht?
B: Nein.
V: Gesehen haben Sie ihn auch nicht?
B: Nein.
V: Aber Sie wissen doch, daß ich einen Schwager habe?
B: Nein.
V: Ja, was is des!
B: Nein.
V: Was, nein – möchten Sie meinen Schwager kennenlernen?

B: Nein.
V: Meine Schwägerin auch nicht?
B: Nein.
V: Haben Sie auch einen Schwager?
B: Nein.
V: Schwägerin auch nicht?
B: Nein.
V: Geschwister auch nicht?
B: Nein.
V: Zwillinge?
B: Nein, nein.
V: Haben Sie Kinder?
B: Nein.
V: Wie viele?
B: Nein.
V: Sie haben ja gar nichts.
B: Nein.
V: Kein Haus auch nicht?
B: Nein.
V: Haben Sie kein Geld auch nicht?
B: Nein.
V: Wenn S' kein Geld nicht haben, dann haben Sie ja eins!
B: Nein.
V: Sagen Sie zu allem nein?
B: Nein.
V: Ja sagen Sie überhaupt nicht?
B: Nein.
V: Aber daß der Krieg aus ist, freut Sie schon?
B: Nein.
V: Was? Dann sind Sie ja ein Kriegsgewinnler!
B: Nein.
V: Des san S' aa net?
B: Nein.
V: Ja, irgendwas müssen S' doch sein!
B: Nein.
V: Ein Neinsager sind Sie doch auf jeden Fall!
B: Nein.
V: Ein Mensch, der zu allem ja sagt, sind Sie aber auch nicht?

B: Nein.
V: Ja, dann sind Sie ja ein Depp!
B: Nein.
V: Aa net?
B: Nein.
V: Jetzt wird mir Ihre Neinsagerei zu dumm. – Einmal müssen Sie ja sagen. Nun stell ich an Sie noch zwei Fragen: Sind Sie PG?
B: Nein.
V: Haben Sie alle Ihre Fragebögen gewissenhaft ausgefüllt?
B: Selbstverständlich!
V: Moana Sie, der hätt ja gesagt?! »Auf Wiedersehn«, hat er gsagt und is ganga.

Verstehst nix von der Politik

A: Wennst nix von der Politik verstehst, nacha redst net so saudumm daher – des hoaßt net Komponist, sondern Kommonist.
B: Kommonist?
A: A Komponist is ja a soichana, der zum Beispiel an »Tölzer Schützenmarsch« komponiert hat.
B: Naa! Des is net wahr, an Tölzer Schützenmarsch hat – des woaß i zufälligerweis – a Gastwirt von Tölz komponiert.
A: Is ja verkehrt – du moanst ja musiziert.
B: Naa! – Oana, der wo a Musi macht, is koa Komponist – des is a Musikant.
A: Naa – der wo die Musi spielt, is a Musikant.
B: Du spinnst ja – dann waar ja mei Radio dahoam aa a Musikant, der spielt aa oft a Musi.
A: Du redst no grad so dumm daher wie damals im Weltkrieg neunzehnhundertvierzehn – da hast aa daherpolitisiert und hast allaweil vom Bierverband anstatt von Vierverband dahergredt.
B: Aber du hast aa nix verstanden, weilst damals gmoant hast, die Entente, des waar das hintere Ende von einer Ente.
A: Geh, du alter Sprüchmacher. – Wie saudumm hast di damals gstellt beim Wählen, wos d' zu mir gsagt hast, i wähl einen Konditor statt einen Kandidaten, und wie du zu mir gsagt hast – für an

Kaminkehrer is jetzt a harte Zeit, weil, wenn der an Radio hört, is er a Schwarzhörer.

B: Des hab i doch nur aus Gaudi gsagt.

A: A Gaudi – hast vielleicht da aa a Gaudi gmacht, wia du gsagt hast, dei Schwager is Strumpfbandführer worn, statt Sturmbannführer?

B: Da hab i mi ja nur versprochen.

A: Daß du für dei Alter no so saudumm bist, da hab i heut noch den Beweis. Kannst dich noch erinnern, wia am Anfang vom Kriag die Verdunklungsvorschriften in der Zeitung gstanden san, da hab ich dir gsagt, daß im Englischen Garten Plakat angschlagn sind mit der Aufschrift: Das Herumschwirren von Glühwürmchen ist bei eintretender Dunkelheit polizeilich verboten. – Dann bist am andern Tag mit deim Radl nuntergfahrn, weils d' as net glaubt hast.

B: Ja, weil i anstatt Glühwürmchen Glühlämpchen verstanden hab.

A: Geh, geh, geh, geh, geh, geh, geh! – Glühlämpchen hast du verstandn, als wia wann im Englischen Garten Glühlämpchen umanandaschwirrn tatn.

B: Mhm. – Du brauchst koa Angst ham, daß dir oana d' Weltmeisterschaft im Blödsein streitig macht! Kannst dich no erinnern, wia damals auf der Insel Kreta die Fallschirmspringer gelandet san – da hast du zu mir gsagt, ob's auf dera Insel allaweil regnen tut, weil die Fallschirmspringer alle an Schirm dabeighabt ham.

A: Du hast ja aa damals an Blödsinn dahergredt, wias d' gsagt hast, da Hitler hat a Glück ghabt, daß er net Adolf Kräuter ghoaßn hat, sonst hättn ma schrein... müassn »Heil Kräuter«!

B: Aber dei ganze politische Anschauung is ja nur a Kas gwesen, denn wenn's nach deiner Ansicht ganga wär, hättn mir den Kriag verlorn.

A: Mir ham ihn ja verlorn.

B: Des woaß i scho! Ja, moanst du, daß du alloa bloß an Kas dahergredt hast?

Vater und Sohn über den Krieg

SOHN *zehn Jahre alt*: Du, Vata, gell, der Krieg is was Gefährliches?

VATER: Freili, des is das Gefährlichste, was es gibt!

SOHN: Warum wird dann immer wieder Krieg gführt, wenn er so gefährlich is?

VATER: Ja mei! Es heißt halt, solange es Menschen gibt, gibt es Kriege.

SOHN: Gell, Vata, wenn a König oder a Kaiser an König oder an Kaiser von einem anderen Land beleidigt, kummt a Krieg?

VATER: Naa, naa – so einfach is des net. Da müssen schon die Kriegsminister und der Kriegsrat gefragt werdn.

SOHN: Wenn dann der Herr Kriegsrat den Krieg will, dann kommt a Krieg?

VATER: Nein – dann wird erst vorher noch der Reichstag einberufen, und die Parteien entscheiden dann über Krieg oder Frieden!

SOHN: Sind das solche Parteien, wie die bei uns im Haus wohnen?

VATER: Hah! Dummer Bua – das sind politische Parteien, die vom Volk gewählt wurden!

SOHN: Wird dann das Volk auch gefragt, ob wir an Krieg wolln oder nicht?

VATER: Nein! 's Volk wird nicht gfragt, denn das Volk sind ja die Parteien, weil das Sechzig-Millionen-Volk im Reichtstagsgebäude keinen Platz hätte – deshalb hat das Volk seine Vertreter!

SOHN: An Hämmerle Maxe sei Vata is aa a Vertreter!

VATER: Naa, Bua – des is ja nur a Vertreter von einer Zigarettenfabrik.

SOHN: Kriagst von dem koane Zigaretten?

VATER: Naa! In Kriegszeiten braucht man keinen Vertreter, weil die Waren knapp sind!

SOHN: Du, Vata, werdn die Soldaten auch gfragt, ob s' an Krieg wolln?

VATER: Naa! Die Soldaten werden nicht gfragt, die müssen in den Krieg ziehn, sobald er erklärt ist – mit Ausnahme der Freiwilligen.

SOHN: Müssen die Freiwilligen auch schießen im Krieg?

VATER: Nein – ein Freiwilliger muß nicht, der schießt halt, weil im Krieg geschossen werden muß.

SOHN: Dann müssen s' ja doch!
VATER: Aber nur freiwillig muß er!
SOHN: Gell, Vata, die Gewehre, die Kanonen, die Fliegerbomben und alle die Kriegswerkzeuge, die laßt alle der Kaiser machen?
VATER: Natürlich.
SOHN: Die sind teuer, gell, Vata?
VATER: Die sind freilich teuer, die kosten viele, viele Milliarden.
SOHN: Der Kaiser kann s' aber leicht zahln, weil er reich is.
VATER: Der is freili reich, der Kaiser is der reichste Mann im ganzen Land.
SOHN: Von was is denn der Kaiser so reich worn, Vata?
VATER: Durch sein Volk – durch die vielen Steuern.
SOHN: Aber dem Kaiser sei Volk is net reich.
VATER: Nein, das nicht, aber das macht die Masse. Wenn zum Beispiel von den sechzig Millionen Menschen nur jeder eine Mark Steuer im Jahr zahlt, sind es schon sechzig Millionen Mark.
SOHN: Ghörn die sechzig Millionen dann dem Kaiser?
VATER: Nein, die ghörn dem Staat, und vom Staat kriagt der Kaiser dann auch etwas, aber vielleicht nur fünf Millionen, so viel, daß er halt mit seiner Familie gut auskommt.
SOHN: A paar Millionen? Gell, Vata, soviel verdienst du als Arbeiter nicht?
VATER: Naa – i verdien im Jahr net ganz zweitausend Mark.
SOHN: Aber als Rüstungsarbeiter hast scho mehra verdient?
VATER: Ja, das war aber nur während dem Krieg!
SOHN: Gell, Vata – wegen dem Verdienst wär der Krieg scho recht?
VATER: Eigentlich schon – – aber –
SOHN: Was: aber?
VATER: Lieber weniger verdienen und im Frieden leben wär halt doch schöner.
SOHN: Ja, Vata, wennst du und deine Arbeitskameraden nie in einer Rüstungsfabrik arbeiten tatn, dann gäb es doch keine Waffen – dann wär doch immer Frieden, weil man ohne Waffen keinen Krieg führen kann.
VATER: Ja, ja, da hast du schon recht – aber das müssen alle Arbeiter auf der ganzen Welt beherzigen.
SOHN: Warum tuan s' das nicht?
VATER: Mei, Bua – du bist noch so jung – das verstehst noch nicht,

wenn ich dir das auch erklär – die Arbeiter werden von den Kapitalisten überlistet.

SOHN: Was ist des – überlistet?

VATER: Überlistet? Es wird künstlich eine Arbeitslosigkeit erzeugt – wenn die Arbeitslosigkeit nach einigen Jahren den Höhepunkt erreicht hat, steht schon im Hintergrund der Krieg.

SOHN: Was is nacha?

VATER: Dann werden wieder Arbeiter gesucht.

SOHN: Dann werden die Arbeiter wieder froh sein, wenn s' a Arbeit kriegen.

VATER: Viele Millionen Arbeiter arbeiten dann wieder in Fabriken und machen die Teile für fünf Millionen Nähmaschinen.

SOHN: Nähmaschinen? Du, Vata, zu was braucht man denn im Krieg Nähmaschinen?

VATER: Des wird den Arbeitern nur vorgetäuscht – in Wirklichkeit werden es lauter Maschinengewehre.

SOHN: Glauben des die Arbeiter? Wie is des dann bei den Riesen-Kanonenrohren?

VATER: Da wird den Arbeitern vorgetäuscht, das werden lauter Fernrohre für die Sternwarte.

SOHN: Geh, Vata, so einen plumpen Schwindel kann man doch keinem Arbeiter vormachen.

VATER: Freilich ist das nicht faßbar – aber die Kanonenrohre sind da, also haben s' die Arbeiter doch gemacht!

SOHN: Hast du auch den Schwindel geglaubt?

VATER: Haha – ich hab sofort gemerkt, daß das Waffen werden für den Krieg.

SOHN: Warum hast du dann nicht gestreikt?

VATER: Ich allein kann doch nicht streiken – wenn schon, dann müssen alle Arbeiter der ganzen Welt sofort in den Streik treten und keine Waffen mehr machen, dann wäre gleich Schluß mit den unseligen Kriegen.

SOHN: Warum tun das dann die Arbeiter nicht?

VATER: Mei, Bua, redst du dumm daher. Wenn i damals nach der großen Arbeitslosigkeit net in der Rüstungsfabrik gearbeitet hätt, wären wir, ich, die Mutter und du, verhungert und die anderen Arbeiter auch.

SOHN: Ja, du hast ja doch gearbeitet, und trotzdem müssen wir heute auch bald verhungern.

VATER: Naa, naa – so schlimm wird's nicht werden.

SOHN: Wenn aber wieder a Krieg kommt, tätst du dann auch wieder für die Rüstung arbeiten?

VATER: Ja mei, wenn s' uns wieder überlisten, dann geht's uns wieder so wie beim letzten Krieg.

SOHN: Aber Vata, wenn das so ist, wie du mir das alles erklärst, gibt es ja niemals einen ewigen Frieden auf der Welt.

VATER: Niemals – deshalb heißt es ja doch: Solange es Menschen gibt, gibt es Kriege.

SOHN: Menschen? Nein, Vata – in dem Fall müßte es heißen: Solange es Arbeiter gibt, gibt es Kriege.

VATER: Nein, es muß heißen, solange es solche Schwindler gibt, die die Arbeiter immer wieder anschwindeln, solange gibt es Kriege.

SOHN: Dann ist ja der Schwindel schuld an den Kriegen.

VATER: Ja, so ist es – und diesen Schwindel heißt man internationalen Kapitalismus.

SOHN: Kann man den denn ausrotten?

VATER: Nein! Höchstens mit Atombomben, die die ganze Welt vernichten!

SOHN: Gell, Vata – aber der wunde Punkt is halt der: wer macht zum Schluß die Atombomben?

VATER: Natürlich auch wieder die Arbeiter.

SOHN: Wenn sich aber die ganzen Arbeiter auf der Welt einig wären, gäb's dann auch noch an Krieg?

VATER: Nein – dann nicht mehr – das wäre der ewige Friede.

SOHN: Aber gell, Vata – die werden nie einig.

VATER: Nie!

Szenen und Minidramen

Das Christbaumbrettl

Eine armselige Stube. Durch das große Fenster in der Mitte hat man Aussicht auf eine herrliche Frühlingslandschaft mit blühenden Bäumen. In buntem Durcheinander steht der Hausrat umher: ein Kinderdreirad an der Rückwand, mit einem alten Sack zugedeckt, eine Kommode mit zerbrochenem Geschirr, ein Grammophon, ein alter eiserner Ofen, eine Küchenuhr, billige Öldrucke und eine Zugposaune, ein Tischtelefon, Tintenlöscher, Strickzeug etc. Daß ein Festtag ist, erkennt man an der lecker aussehenden Schaumtorte, die auf einem Stuhl neben dem Kleiderschrank steht. Die Abenddämmerung fällt allmählich ein. Ehe sich der Vorhang hebt, hört man das Grammophon O du fröhliche, o du selige, gnadenbringende Weihnachtszeit *spielen.*

DIE MUTTER *(Liesl Karlstadt) sitzt in einem ärmlichen Hauskleid und mit einer blauen Schürze in Fleckerlschuhen an einem kleinen runden Tisch in der Mitte der Bühne unter der altmodischen Petroleumhängelampe; sie hat weinend den Kopf in die Hände gestützt*: Die Weihnachtsglocken läuten; o hätte ich nie mehr diesen Tag erlebt. Ich kann keine Freude mehr haben. Mein Sohn, mein Alfred, er ist ja nicht mehr bei mir, er ist hinausgezogen in ein fernes Land, aus dem er wohl nie wieder zurückkehren wird. Ach, Alfred, warum hast du mir das angetan! Er ist nach Oberammergau gegangen, er wollte Fremdenführer werden; aber als er hinkam nach Oberammergau, waren die Passionsspiele bereits schon lange beendet. Ach, Alfred, was Blöderes hätte dir gar nimmer einfallen können. Die alten Augen sind müde vor Weinen, und das Bild ist schon so verstaubt, ich kann ihn gar nicht mehr sehen! Pfui! *Sie spuckt auf das Bild und wischt es mit dem Taschentuch ab.* So, jetzt ist es besser, jetzt schaut er wieder so frisch in die Welt, daß man seine Freude daran haben kann. *Sie wirft das Bild ein paarmal in die Höhe.* Ach ja! *Sie zündet sich eine Zigarre an.* Wo nur mein Mann so lange bleibt? Mein guter Mann – diesen langweiligen Uhu habe ich heute auf den Viktualienmarkt geschickt, daß er ein Christbäumchen heimbringt für die kleinen Kinder, und nun kommt er so lange nicht heim. Ich glaub, daß er gar nimmer heimfindet, der alte Depp. Es wird ihm wohl nichts passiert sein. Es ist schon so spät, die Sonne muß auch schon bald aufgehen. Eins – zwei – drei – aha, da ham ma's schon. Ich muß doch nachschaun, wo er sich momentan wieder herumtreibt. *Sie nimmt das Telefon.* Sebastian, wo bist du denn augenblicklich? So, am Viktualienmarkt gehst du grad? – Hast schon ein Christbäumchen? – Dann ist's schon recht – geh nur glei heim! Gib Obacht, wenn du über die Straße gehst, daß dich keine Frau überfährt mit'n Kinderwagl. *Es klopft.* Ja, herein! Also adje, Sebastian, komm nur gleich! – Ich wart auf dich – grüß dich Gott, Sebastian! *Es klopft.* Ja, herein! *Sie legt den Hörer auf. Im selben Moment kommt der Vater (Karl Valentin) mit dem Christbaum herein. Er trägt einen zerschlissenen Havelock mit zwei großen, auffallend künstlichen Schneepaketen auf den Schultern, Brille, Hut, Fäustlinge und einen Christbaum.* Ah, da ist er ja! Im Moment hab ich mit dir noch telefoniert, und jetzt bist du schon da!

DER VATER: Ja, i hab glei einghängt und bin glei herglaufen.

DIE MUTTER: Das ist recht – da hast ja 's Bäumerl, ah der is nett – wunderschön.

DER VATER: No ja, kindisch ist er halt.

DIE MUTTER: Er gehört ja auch nur für d' Kinder.

DER VATER: Ja, ich war in zwei Christbaumfabriken, und da ham s' mir den gebn.

DIE MUTTER: Ja, da is ja kein Christbaumbrettl dran, hast du's verloren? Ich hab doch ausdrücklich gsagt, du sollst an Baum mit Brettl bringen.

DER VATER: Ja, der hat ja keins.

DIE MUTTER: Das seh ich ja, daß er keins hat.

DER VATER: Wie kannst'n das sehn, wenn keins dran ist?

DIE MUTTER: Aufgschriebn hab ich dir's sogar, an Baum mit Brettl!

DER VATER: Ja, die haben lauter Bäum mit Brettl ghabt, das war der einzige ohne Brettl.

DIE MUTTER: Und den hast extra rausgesucht?

DER VATER: Aber so ist er doch viel natürlicher, im Wald wächst er doch auch ohne Brettl.

DIE MUTTER: Aber den kann man doch nicht brauchen, den kann ich ja nicht hinstellen am Tisch.

DER VATER: Dann legn ma 'n halt heuer hin – jetzt ham ma 'n fünfzehn Jahre hingstellt, jetzt legn ma 'n amal heuer hin.

DIE MUTTER: Ich möcht doch den Baum aufputzen. Ich hab solche

Sprüch gmacht bei den Kindern, ich hab gsagt, wenn du kommst, dann kommt 's Christkindl auch gleich. Und jetzt bringt er an Baum ohne Brettl! Da wär's mir schon lieber gwesn, du hättst bloß a Brettl bracht und gar koan Baum.

DER VATER: Am Brettl allein hätten die Kinder auch kei Freud ghabt.

DIE MUTTER: Aber so kann ich ihn nicht hinstellen!

DER VATER: Ja, dann halt ich ihn halt.

DIE MUTTER: Geh, du kannst doch nicht bis am Heiligendreikönigstag so dastehn und kannst den Baum halten.

DER VATER: Warum nicht, ich hab ja so nichts zu tun, ich bin ja arbeitslos.

DIE MUTTER: Aber da sind doch noch vierzehn Tag hin, du kannst doch nicht Tag und Nacht den Christbaum halten, du mußt doch auch manchmal wieder amal nausgehen.

DER VATER: Dann nimm ich ihn mit.

DIE MUTTER: Das kannst dir denken – jetzt gehst da hin, wo du den Baum kauft hast, und tauschst'n um, sagst, sie sollen dir an andern geben.

DER VATER: Naa, naa, der is froh, daß er den anbracht hat.

DIE MUTTER: Dann muß ma halt selber a Brettl hinmachen.

DER VATER: Ja, ich geh zu der Hausmeisterin und hol a paar Bretter vom Hof rauf, da schneiden wir a Stück runter.

DIE MUTTER: Holst einfach so ein kleines Brett rein, das machen wir hin.

DER VATER: So ein Stück Brett halt.

DER VATER: Aber zieh dich zuerst aus.

DER VATER: Ganz?

DIE MUTTER: Dein Mantel und dein Hut – aber leg mir an Hut nicht aufs Bett nauf, sonst zerlauft der ganze Schnee.

DER VATER: Der zlauft nicht, das ist ja ein Christbaumschnee.

DIE MUTTER: Jetzt geh nur.

DER VATER: Ich trag jetzt mein Raglan naus und hol die Bretter. *Er geht ab.*

DIE MUTTER: So ein schönes Bäumchen hat er bracht, er ist ein guter Mann, aber ein furchtbares Rindvieh – bringt er einen Baum ohne Brettl daher. *Man hört Kindergeschrei.* Pst! – Ja, wer hat denn das Kind verkehrt herglegt, da steigt ja 's ganze Blut in den Kopf. *Abermals Kindergeschrei.* Ja, sei nur still – Hundsbankert, hör doch auf, der ist gewiß wieder naß. *Sie legt das Kind auf den Tisch.* Ja, ja, ich werde dich gleich trockenlegen. *Sie nimmt den Tintenlöscher und trocknet das Kind damit, das Kind schreit immer noch.* Jetzt sei doch ruhig – wart, ich werd dir ein Wiegenlied blasen. *Sie nimmt die Posaune von der Wand.* So, mein Kind, jetzt paß schön auf. *Sie bläst* Schlaf, Kindlein, schlaf. – *Beim letzten Ton ist das Kind eingeschlafen. Der Vater kommt mit zwei langen Brettern herein, bleibt damit in der Hängelampe hängen, stößt alles um, der Tisch fällt auseinander, der Fliegenfänger klebt ihm im Gesicht, ein verzweifeltes Durcheinander entsteht, die Mutter will ihm helfen.* Da, nimm's Kind. *Sie drängt ihm das Kind auf und hängt die Posaune wieder an die Wand.*

DER VATER: Nimm mir doch die Bretter ab!

DIE MUTTER: Mein Gott, wie der 's Kind halt! Mein Gott, ist das was! *Sie befreit ihn vom Fliegenfänger, von der Lampe usw.*

DER VATER: Sind die Bretter recht? Daraus können wir uns Christbaumbrettln im voraus machen für mindestens zwanzig Jahr.

DIE MUTTER: Was hast denn jetzt da für lange Bretter bracht, waren denn keine längeren mehr da?

DER VATER: Naa, des war des längste.

DIE MUTTER: Ja, dann hol eine Säge und schneid ein Brettl runter!

DER VATER: Ja, dann hol ich jetzt ein Stück Säge.

DIE MUTTER: Und ich heiz einstweilen ein.

DER VATER *kommt mit der Säge und legt den Christbaum der Länge nach auf das Brett*: Das gibt drei Christbaumbrettl.

DIE MUTTER: O Gott, o Gott, raucht der Ofen wieder!

DER VATER: Hast'n höchstens angezunden.

DIE MUTTER: Dummes Gered! Vor zwei Jahren hab ich schon zu dir gsagt, du sollst den Kaminkehrer holen.

DER VATER: Ich telefonier ihm halt, weißt du die Kaminnummer? *Er telefoniert*: Wie bitte? Die Nummer wissen wir beide nicht, Fräulein.

DIE MUTTER: Wer ist denn eigentlich da?

DER VATER: Wir sind falsch entbunden, der König Herodes hat, glaub ich, grad gesprochen.

DIE MUTTER *reißt ihm das Hörrohr aus der Hand*: Wer ist denn da? Wie? – Ah, grüß Gott!

DER VATER: Wer is's denn?

DIE MUTTER: Die Frau vom Kaminkehrer ist da! Grüß Gott, Frau Kaminkehrersgattin! Ist Ihr Mann daheim? Geh, sagn S' zu ihm, er soll gleich rüberkommen. *Der Vater spricht dazwischen.* Sagn S', bei uns raucht der Ofen.

DER VATER: Er soll rauskehren vom Ofen.

DIE MUTTER: Ich sag's ihm schon.

DER VATER: Ich kann's ja auch.

DIE MUTTER: Dann sagst du's ihr, wenn du so gscheit bist.

DER VATER: Ach bitt schön, möchten S' nicht mit der Leiter bei uns den Ofen auskehren?

DIE MUTTER: Schmarrn, sie weiß doch schon alles, was sagt s' denn?

DER VATER: Sie sagt, er kommt vielleicht ganz bestimmt. *Er legt das Hörrohr in den Geschirrhaufen.*

DIE MUTTER: Schneid doch amal das Brett ab! *Sie kniet noch immer beim Ofen am Boden. Der Vater nimmt die Säge und setzt sich auf die Mutter.* Was machst denn, siehgst nimmer, blinder Heß?

DER VATER: Wie groß soll denn das Brettl eigentlich sein?

DIE MUTTER: Hast denn noch nie a Christbaumbrettl gsehn?

DER VATER: Schon oft, aber das hab ich nimmer so im Gedächtnis.

DIE MUTTER: Dann nimm halt das vorjährige Brettl als Muster. *Der Vater sägt das Brett ab, die Mutter hilft ihm dabei.* Gib Obacht, daß du dich nicht schneidst!

DER VATER *redet immer*: Die Kinder werden a Freud haben. Jetzt kommt ein Ast. *Die Mutter geht ab und holt das Kaffeeservice.* Bring mir eine Schweinsschwarte zum Schmieren. *Die Mutter geht an den Tisch. Er drückt mit der Säge das Brett in die Höhe und stößt der Mutter das Geschirr aus der Hand.* Ich hab doch gsagt, du sollst 's Brettl halten.

DIE MUTTER: Wo hast du denn das Brettl, das du runtergschnitten hast?

DER VATER: Das ist's. *Er hält das Brett immer noch in der Hand. Die Mutter steigt am anderen Ende drauf. Das Brett haut dem Vater auf die Füße.* Au, au, jetzt ist's am Fuß naufgfallen.

DIE MUTTER: Auf was für'n Fuß?

Der Vater: Auf unsern Fuß. *Er hebt das Brett auf, fährt der Mutter unterm Rock damit herauf.*

Die Mutter: Was machst denn? Heute am Heiligen Abend macht er so saudumme Sachen.

Der Vater: Ist doch erst der Heilige Nachmittag.

Die Mutter: Jetzt hat er so a kleins Brettl runtergschnitten, das können wir doch nicht brauchen. Da nehmen wir halt das alte her, aber da mußt du noch ein Loch hineinbohren.

Der Vater: Dann hol ich den Bohrer. *Er tut es und bohrt ins Brettl ein Loch hinein; das Brettl dreht sich immer.*

Die Mutter: Komm, laß dir helfen. Das Brett legt man da her am Tisch, ich halt dir, und du bohrst. *Der Vater bohrt und spricht dabei.* So red doch nicht immer, paß doch aufs Loch auf!

Der Vater: Ja, ich kann doch unterm Bohren reden.

Die Mutter: Das brauchst gar nicht.

Der Vater: So! *Er hat durch das Brett und durch den Tisch gebohrt, daß der Bohrer unten raussteht.*

Die Mutter: Das sieht dir wieder gleich! Bohrt er in den schönen Tisch a Loch hinein, da brauchst dir noch was einbilden drauf, das schönste Stück in unserer Wohnung ist jetzt auch kaputt.

Der Vater: Das war vorauszusehen.

Die Mutter: Das Loch ist überhaupt zu groß, da paßt der Christbaum gar nicht hinein.

Der Vater: Das Brettl brauchen wir ja jetzt nicht. Jetzt können wir den Christbaum glei in den Tisch neistecken.

Die Mutter: Das hättest glei tun können, da hätten wir überhaupt kein Brettl braucht.

Der Vater: Das sag ich ja immer, drum hab ich ja an Christbaum ohne Brettl kauft.

Die Mutter: Jetzt schmück amal den Baum, häng a paar Kugeln hin, die Kinder freun sich ja schon drauf.

Die Kinder *hinter der Szene*: Mama, dürfen wir schon rein?

Beide: Nein, noch lange nicht.

Die Mutter: Schick dich doch, die Kinder möchten schon herein. *Der Vater hängt ein paar Christbaumschmuck-Glaskugeln hin, wirft aber dabei Tisch und Baum um.*

Die Mutter: Jessas, jessas, was machst denn wieder? *Die Kinder schreien wieder.* Gleich, Kinder, schreit doch nicht so! *Zum Va-*

ter: Schick dich doch, mach die Kerzen hinauf. *Die Kinder schreien abermals.* Seid's doch still – ihr Hundsbankerten, ihr miserablen!

DER VATER: Hundsbankerten brauchst net sagn zu dene Saukrüppeln! *Die Kinder schreien erneut.*

DIE MUTTER: Seid's doch ruhig, der Teufel soll euch holen!

DER VATER: Vergiß dich doch nicht, der Teufel soll s' holen: wenn s' der Teufel holt, braucht ma uns doch die ganze Arbeit nicht machen.

DIE MUTTER: Das geht dich gar nichts an, schick dich doch!

DER VATER: Oh tuh, tuh! *Er heult furchtbar.*

DIE MUTTER: Seid's still, Kinder, der Vater is narrisch wordn. *Zum Vater*: Was machst denn jetzt? *Der Vater hat sich einen Kerzenhalter an den Finger gezwickt.* Um Gottes willen, das Unglück auch noch! *Die Kinder schreien wieder.* Gleich kommt 's Christkindl. *Zum Vater*: So, du zündest jetzt amal den Baum an, und ich bring derweil die Kinder.

DER VATER: Die hast schon einmal gebracht.

DIE MUTTER: Ich mein, ich bring s' herein. *Sie geht ab. Der Vater nimmt ein Zündholz und zündet den Baum unten an.*

DIE MUTTER *kommt herein und schreit*: Was machst denn da, du zündest ja den Baum an!

DER VATER: Du hast doch gesagt, ich soll den Baum anzünden!

DIE MUTTER: Ich hab doch gemeint, die Kerzen.

DER VATER: An Baum, hast gsagt.

DIE MUTTER: No ja, wie man halt so sagt. *Sie geht ab. Der Vater zündet die Kerzen an, läutet mit der Handglocke und läßt das Grammophon spielen. Die Kinder und die Mutter kommen herein.* So, Kinder, jetzt is 's Christkindl kommen. *Alle stellen sich um den Baum.*

KINDER: Ah, ah, der ist schön!

DER VATER: Na, gar so schön ist er nicht.

ALLE *singen*: Ein Prosit, ein Prosit der Ge-müt-lich-keit! Eins – zwei – drei – gsuffa!

DER VATER: No, no, no, jetzt bist in an Frühschoppen hineingekommen.

DAS KIND: So, gute Mutter, und das gehört dir! *Es schenkt der Mutter eine Haube.*

DIE MUTTER *freut sich*: Ach, du gutes Kind, ich danke dir! Da schau her, Vater, so was Schönes!

DER VATER: Ah, Ölsardinen!

DIE MUTTER: Geh, mach doch deine Batzlaugen auf. A Haube hat sie mir geschenkt, die is schön, die kann ich notwendig brauchen. Ja, hast du die Haube selbst gestrickt?

DAS KIND: Nein, Mutter, die hab ich nicht selbst gestrickt, die hab ich gestohlen.

Vater und Mutter sind sichtlich gerührt. Die Kinder singen das »Weihnachtslied« Fuchs, du hast die Gans gestohlen. *Vater und Mutter weinen vor Rührung.*

DIE MUTTER: Ja, wo hast denn die Haube gestohlen?

DAS KIND: Beim Oberpollinger.

DER VATER: Des is recht!

DIE MUTTER: So, beim Oberpollinger? Ja habn s' denn da so schöne Hauben? Das gute Kind, jetzt is alles so teuer, man kann so nichts mehr kaufen.

DER VATER: Natürlich, man ist ja direkt verpflichtet dazu.

DIE MUTTER: Hoffentlich hat dich kein Mensch gesehen!

DAS KIND: Nein, Mutter, da hat mich niemand gesehen.

DIE MUTTER: Dann gehst nächste Woch noch einmal hinein und holst mir eine.

DER VATER: Und wennst amal beim Henne vorbeikommst, dann nimmst mir an Mercedes mit.

DIE MUTTER: Du bist ein gutes Kind, du bist jetzt schon reif fürs Zuchthaus. – Mach nur so fort. Da schau her, was dir 's Christkindl bringt, eine Zugharmonika.

DAS KIND: Ah, danke, Mutter!

DIE MUTTER *zum zweiten Kind*: Und dir ein Springseil.

DAS ZWEITE KIND: Ah, danke, Mutter.

DER KAMINKEHRER, *entsetzlich lang, mit hohem schwarzen Zylinder, Hacke, Leiter und Besen, kommt plötzlich herein*: Grüß Gott beieinander!

Die Kinder schreien und fürchten sich vor ihm.

DIE MUTTER: Seid ruhig, Kinder, der tut euch nichts. *Zum Kaminkehrer*: Um Gottes willen, Herr Kaminkehrer, Sie können wir jetzt nicht brauchen, wir haben doch jetzt gerade Bescherung.

DER VATER: Ausgerechnet jetzt kommt er. Ich hab doch eigens

telefoniert, Sie sollen morgen am Feiertag kommen. Speziell als Kaminkehrer solltn S' soviel Anstand haben, daß S' jetzt nicht am Ofen umananderkratzn.

DER KAMINKEHRER: Das werden wir gleich haben. Ich bin gleich fertig. *Er fängt am Ofen sehr laut zu klopfen und zu kratzen an.*

DIE MUTTER: Geh, warten S' doch einen Moment, Sie sehn doch, daß wir gerade Bescherung haben, man versteht sein eigenes Wort nicht mehr vor lauter Lärm. *Die Kinder machen auch Lärm.* So hört doch auf, ihr Fratzen!

DER VATER: Warten S' an Moment, Herr Kaminkehrer. *Zur Mutter*: Da schau her, du bekommst deine Fotografie, die hab ich vergrößern lassen. *Er überreicht ihr einen Papierdrachen.*

DIE MUTTER: Was, an Drachen? Ich glaub, du willst mich derblekken. Was meinst denn da damit? Da schau her, Vater, du kriegst von mir auf Weihnachten ein Cockorell-Motorrad – aber heuer mußt noch selber treten; 's nächste Jahr kriegst dann an Hilfsmotor dazu. *Sie gibt ihm das Kinderdreirad, das zugedeckt auf der Bühne steht. Zum Kaminkehrer*: Herr Kaminkehrer, nehmen S' an Moment Platz.

DER KAMINKEHRER: Bin so frei! *Er setzt sich auf den Stuhl, auf dem der Schaumkuchen liegt.*

DIE KINDER *schreien*: Mutter, der Kaminkehrer hat sich in den Schaumkuchen gesetzt!

DER KAMINKEHRER: Jessas Maria! Daß mir des grad auf Johanni passieren muß. *Er dreht sich um und wischt mit der Hand den Schaum von seiner Hose.*

DER VATER *hat sich währenddessen auf das Rad gesetzt und fährt damit über die Bühne, wobei alles umfällt – die Lampe fällt herunter – es entsteht ein fürchterlicher Tumult. Die Mutter und die Kinder schreien. Er bleibt plötzlich mit offenem Mund in fassungslosem Staunen in der Mitte stehen.* Ja, wia komma denn Sie auf Johanni?

DER KAMINKEHRER: Was wolln S' denn, heut ist doch der 24. Juni!

DER VATER: Himmikreuzsappramen! Da geht nacha mei Abreißkalender nach!

DIE MUTTER: Des schaugt dir scho gleich!

DER VATER: Siehgst, Alte, drum hab ich ja heut den Christbaum auch so billig kriagt!

Der Firmling

Die Bühne gehört – durch ein Plakat mit der Aufschrift »Weinterrasse« gekennzeichnet – zum Zuschauerraum. Sie ist rosa tapeziert und zeigt im Hintergrund gemaltes Publikum, das an kleinen Tischen sitzt. Im Vordergrund sind drei Tische weiß gedeckt, darauf stehen Zahnstocher in Ständern, die Spitzen nach oben. Als Tafelschmuck Tannenzweige in Vasen. Eine Anrichte trägt Sektkübel, Zigarettenschachteln, Teller, Salzstreuer, Gläser, Strohhalme, Bestecke und bunte Zigarrenkisten.

Zur Einleitung geht die Musik in Schön ist die Jugend bei frohen Zeiten *über. Karl Valentin spielt den Vater.*

Beide kommen vom Publikumseingang her durchs Lokal und suchen einen Platz, finden ihn aber nach vielem Anstoßen erst auf der als Weinterrasse hergerichteten Bühne. Pepperl (Liesl Karlstadt) hat viel zu große weiße Handschuhe an und trägt eine lange Kommunionkerze mit einer riesigen weißen Seidenschleife. Damit bleibt er auf dem Podium gleich am ersten Stuhl hängen, der krachend umfällt.

VATER: No, Depp... *Pepperl rennt den zweiten Stuhl um und lacht. Der Vater wirft Tisch und Stuhl um, verwickelt sich mit Schirm, Stuhl und Tisch, ein fürchterliches Durcheinander entsteht. Pepperl lacht.* Lach net so saudumm, dummer Bua. *Beide setzen sich nieder, schauen sich nach dem Kellner um und pfeifen.* He, Kellnerin, zwei Halbe!

KELLNER *kommt auf die Bühne*: Was wünschen die Herrschaften?

VATER: Zwoa Halbe Bier und etliche Brot.

KELLNER: Bedaure, Bier wird bei uns nicht verschenkt.

VATER: Mir wolln's ja net gschenkt, mir zahlen ja.

KELLNER: Ich meine, wir führen kein Bier, hier gibt's nur Wein – wir haben Weinzwang.

VATER: Na bringst halt zwoa Halbe Weinzwang.

KELLNER: Ich bringe Ihnen die Weinkarte. *Pepperl lacht und schaut immer auf seine Uhr.* Bitte, hier ist die Wein- und die Speisekarte. *Er geht ab.*

VATER: Was magst'n, Pepperl, weilst dich heute so schön firmen hast lassen, derfst du dir heut was Feines raussuchen. Was magst denn? Red – oder red – was magst denn?

PEPPERL: An Emmentaler –
VATER: Ja hast du Hunger?
PEPPERL: Ja.
VATER: An Emmentaler wern s' da herin net ham. *Er schaut in die Weinkarte.* Ja, ham s' scho oan, aber da hoaßt er anders, da hoaßt er Affenthaler. *Er pfeift.*
KELLNER: Bitte, haben die Herrschaften schon gewählt?
VATER: Bringst an Pepperl a Stück Affenthaler und Pfeffer und Salz.
PEPPERL: Ja, und zwoa Brezn.
KELLNER: Sie meinen eine Flasche Affenthaler?
PEPPERL: Naa, a Trumm Affenthaler.
KELLNER: Es gibt doch nur eine Flasche Affenthaler.
VATER: Wieso a Flaschn? Habt's denn ihr an Kas in der Flaschn drin?
KELLNER: Affenthaler ist immer in der Flasche.
VATER: Seit wann denn?
KELLNER: Seit es einen Affenthaler gibt.
VATER: Ja, wia bringa mir denn den raus? Mir können doch net an Kas mit'm Stopselzieher rausziehen! *Pepperl lacht.* Jetzt hörst amal dei saudumms Gelächter auf! *Er haut ihm erbost eine runter. Pepperl weint.* So macht er mir's heut scho den ganzn Tag, in einer Tour grinst er, der dumme Bua. *Pepperl lacht wieder.*
KELLNER: Mein Gott, er freut sich halt, weil er jung ist!
VATER: Ich war doch aa amal jung, vielleicht jünger wie er.
KELLNER: Also wollen Sie dann einen Affenthaler trinken?
VATER: Wieso trinken?
KELLNER: Affenthaler ist nur zu trinken.
VATER: So weich ist der?
KELLNER: Will der Kleine vielleicht eine Limonade?
PEPPERL: Ja.
VATER: Eine rote – a recht süße bringst ihm.
KELLNER: Und Sie auch eine Limonade?
VATER: Mir war's ja gnua, mir bringst an Schnaps!
KELLNER: Was für einen darf ich bringen? *Er liest die Likörkarte ab*: Allasch, Kirschwasser, Zwetschgenwasser, Rum, Kognak, Magenbitter, Kräuter…
VATER: Net soviel, einen nur!

KELLNER: Goldwasser, Macholl, St. Emmeramm...
VATER: An Macholl habt's aa, ja, den mag i.
KELLNER: Also eine Limonade und ein Gläschen Macholl.
VATER: Was, a Gläschen? A Flaschn möcht i, a Glasl is bei mir scho leer, wenn i 's anschaug. Bring a Flaschn.
KELLNER: Eine ganze Flasche wird Ihnen wahrscheinlich zu teuer sein.
VATER: Des geht Ihna an Dreck o.
KELLNER: Und was speisen die Herrschaften? *Er liest die Speisekarte ab*: Makkaroni mit Schinken ist noch da.
PEPPERL: Ja.
VATER: Magst solche? *Zum Kellner*: Na bringst oa.
KELLNER: Bitte sehr – also zweimal Makkaroni mit Schinken.
VATER: Naa, oamal.
KELLNER: So, nur einmal.
PEPPERL: Ja, für an jeden – eine.
KELLNER: Also dann doch zwei Portionen.
VATER: Nein, nein – eine – aber für zwei.
KELLNER: Ja, wollen Sie jetzt eine oder zwei?
PEPPERL: Nein, ich möcht nur eine.
KELLNER: Ja, dann wollen Sie doch zwei?
VATER: Nein, eine für uns zwei.
KELLNER: Sie meinen eine Doppelportion.
VATER: Ja, eine einfache Doppelportion.
KELLNER: Zum Donnerwetter, soll ich jetzt eine oder zwei Portionen bringen?
VATER: Jetzt bringst oane und schwingst dich, sonst kann sein...
KELLNER: Ich bringe Ihnen jetzt eine Portion. *Geht schimpfend ab.* Das ist eine nette Bagage, die wissen nicht, was sie wollen, die sollen doch woanders hingehen, in eine Bauernwirtschaft, das ist ja furchtbar.
VATER: Nur net nachbrumma dahinten. Tua fei ja net launenhaft sei, sonst ziag i di raus aus deim Cheviot. – Ja mei, Pepperl, was sagst denn, habn die an Kas in der Flaschn drin, drum soll ma so wo net reingehn, in eine Thiele. Thiele hoaßn sie s' jetzt, früher hat ma Weinbeizen gsagt. – Lauter so modernen Krampf ham s' da. *Er will schnupfen. Pepperl stößt ihm den Tabak herunter.* Net steßn – Aff – überall baun s' jetzt eine Thiele hinein, i bin nur

neugierig, wie in zehn Jahren 's Hofbräuhaus ausschaugt. *Er will wieder schnupfen.*

PEPPERL: Jetzt wird er glei wieda reinkomma! *Er stößt den Vater wieder.*

VATER: Jetzt haut er mir schon die zwoate Pyramidn runter, glei schlag i di aa runter.

Er schnupft sehr laut.

KELLNER: Hier bitte die Limonade für den Kleinen, hier Ihr Likör, wohl bekomm's.

VATER: Bist da, Herzerl! *Er haut den Kellner hinten hinauf.*

KELLNER: Was erlauben Sie sich?

VATER: Oha, jetzt hab i glaubt, i bin im Hofbräuhaus bei der Marie. *Kellner ab.* So, Pepperl, jetzt laß dir's recht schmecken, heut ham mir so schon soviel herumgsoffn.

PEPPERL: Prost, Vata – ah, heut is's zünfti – da schau her, Vata – ah, des is a Gaudi.

VATER: Ja was tuast denn!

PEPPERL: Seifenblasen.

VATER: Dir tua i dann glei Seifenblasen mit der teuren Limonad – des Steckerl ghört doch zum Umrührn. *Er rührt um, bricht aber das Röhrl ab.*

PEPPERL: So, jetzt hast es brochen, uh, der wenn reinkommt!

VATER: Lauter Glump ham s' scho da herin, mir sagn einfach, des war scho.

PEPPERL: Ja, des sagn ma, na spannt er's net. Prost, Vata, ah, heut is's zünfti.

VATER: Prost, Pepperl – so, jetzt derfst dei erste Zigarrn rauchen. *Er pfeift.*

KELLNER *kommt*: Bitte sehr?

VATER: A Zigarrn für'n Buam, a ganz leichte – weil er noch nie graucht hat.

KELLNER: Bitte sofort. *Geht ab.*

VATER: Die Mutter, wenn s' uns jetzt sehng kannt, die hätt a Freud. Hat s' allwei gsagt, den Tag möcht i noch erleben, aber leider is sie heimgegangen in den großen Heimgarten.

KELLNER *bringt eine Zigarre*: Bitte sehr.

VATER: Zünd s' an Buam glei o! So, Pepperl, ziag nur fest. *Zum Ober*: Moanst net, daß'n zreißt?

KELLNER: Na, wir werden ja sehen.

VATER: Ja, wenn mir's scho amal sehng, na is's schon zspät. *Kellner ab.* Inhalier nur fest, daß d' a guate Farb kriagst. Du mußt dir denken: Heut ist der schönste Tag in deinem Leben – die Jugendzeit kommt nur einmal, des derfst mir glaubn. *Er singt:* Schön ist die Jugend, bei frohen Zeiten, schön ist die Jugend, sie kommt nicht mehr.

PEPPERL: Ja, des kenn ich auch, den alten Schmarrn. *Er singt mit.* Prost, Vata, heut is's zünfti.

VATER: Das mußt du dir merken, die Jugendzeit kommt nur einmal im Leben...

PEPPERL *singt:* Drum sag ich's noch einmal...

VATER: Was sagst, Pepperl?

PEPPERL: Naa, i hab bloß gsunga »Drum sag ich's noch einmal«...

VATER: Da hast du recht, des kann ma net oft gnua sagn. *Er stößt mit der Nase in die Zahnstocher.* Au – au. *Pepperl zieht sie ihm heraus.* Wie kannst denn du die Zahnstocher da herstelln; wenn i Bluatvergiftung kriag und wird mir die Nasn weggschnittn, mit was schneuz i mi dann?

PEPPERL: Da kann i nix dafür, für was muaßt du dei Nasn überall drin habn.

VATER *reibt die Nase mit Schnaps ein.* Jessas, brennt des.

PEPPERL: Ja eben – drum sag i's noch einmal...

VATER *wirft ihn über den Stuhl hinunter.* Fangt er immer wieder an mit seiner saudummen Jugendzeit.

PEPPERL: Ah geh, bis i amal windi wer!

VATER: Setz di her da! Setzt di glei her? – Du Hundling!

PEPPERL: Tua fei net köppeln.

VATER: Halt 's Maul!

PEPPERL: Brauchst mi a net glei nunterwerfa, i hab di aa net nuntergschmissn.

VATER: Des kommt scho noch – setz di her!

PEPPERL: Ja, gell, wenn die neue Uhr bricht, dann ham ma's – i glaub, i hab so schon die Feder abdraht.

VATER: Dei Gurgl drah i dir no ab – daß du's woaßt. Denk liaba an dei Zukunft, woaßt heut no net, was du amal werdn willst.

PEPPERL: Des wern mir nachher scho sehng.

VATER: Heut woaßt no net, was du amal wirst. Pepperl, Pepperl, denke dran, was aus dir noch werden kann.

PEPPERL: Ja, da bin i selber neugierig.

VATER: Aber siehgst, des gfreut mi heut no, daß es mir gelungen ist, den heutigen Tag zu erleben.

PEPPERL: Ja, mi aa, wär schad, wenn ihn mir zwei nimmer erlebt hätten.

VATER: Niemand auf der Welt hätt dir dein Firmpat gemacht, wenn ich mich nicht deiner erbarmt hätt.

PEPPERL: Ja, wennst'n du net gmacht hättst, dann könnt i heut mit meiner Kerzn alloa rumharpfn.

VATER: Alle ham's dir versprochen, a jeder hat gsagt, dein Buam mach i an Firmpat, und wie's dann drum und drauf ankomma is, hat sich a jeder druckt. Merk dir das – Pepperl – Freunde in der Not gehen zehne auf ein Butterbrot. Gell, der Onkel hat dir's so sicher versprochen, und jetzt hat er dir was ghustet. Warum hat er dir denn dein Firmpat net gmacht? – Weil er kein Flins drauf hat, weil er dir koa Uhr hätt kaufen können. Ich hab dein Firmpatn gmacht, ich hab mei Wort ghaltn. I war da wia da Zoaga.

PEPPERL: Ja, des is wahr.

VATER: Was hast denn ghabt vor der Firmung?

PEPPERL: Nix.

VATER: Net amal an Anzug hast ghabt, nackert hättst gehn müssen.

PEPPERL: Na hätt i halt mei Badehosn anzogn.

VATER: Koan Anzug hast ghabt, koa Hemdknöpferl, koane Sokken, koa Hemd, koan Charakter, nix hast ghabt wia dein saudumma Kopf.

PEPPERL: Ja, und den hab i von dir kriagt.

VATER: Ich kann mich noch gut erinnern, wia i rumglaufen bin um an Anzug für den Buam. Was i da für a Lauferei ghabt hab, das is der Bua gar net wert. In sämtlichen Kleidererziehungsanstalten war ich in München, beim Isidor Bach, beim Knagge & Peitz, beim Isidor Kustermann, beim Heilmann & Littmann, nirgends hab ich einen Kommunionanzug auftrieben. *Pepperl raucht die Zigarre, es wird ihm schlecht, er nimmt seinen Hut und geht ab. Der Kellner kommt herein und serviert die Getränke, ab. Vater allein*: Und da, wo ich ein auftriebn hätt, kostet ein Kommunionanzug heute fünfundsechzig Mark, ja, ja, mir war's ja gnua, des kann i mir als Mittelstandler net erlaubn, daß ich für den Buam fünfundsechzig Mark am Tisch hinleg – ich bin koaner von der Burschoisie, i muaß mir mei Geld mit der Hände Fleiß verdienen, na hab i mir denkt, koan neuen konnst net kaffa, kaff dir halt oan von Herrschaften abgelegten Kommunionanzug, zu alle Dandler bin i, in meine sämtlichen Stammkneipen hab i's rumerzählt, nichts war's, die ganze Hoffnung hab i schon aufgebn. Derweil schleicht sich ein Zufall ein. Kommt der Erlacher Franzl zu mir, a alter Spezi, ein Kriegskamerad von mir, mir san anno Siebazg mitanand z' Deisenhofen gstandn, Mann an Mann, Brust an Brust, direkt am Isarufer, wo's so feucht war, der hat es erfahrn, daß i an Kommunionanzug kaufen will. Des gfreut mi, Franzl, hab i gsagt, sag i, aber es is net gsagt, daß des, wo dein Hundsbuam paßt, mein Knaben aa paßt – kurzer Rede langer Sinn, der Erlacher Franzl bringt den Anzug, der Pepperl ziagt' n o und – paßt hat er! *Er haut auf den Tisch.* Hätt ja i im Leben net denkt, daß dem Pepperl der Anzug paßt, wo er an Buam gar net kennt – kennt an Buam gar net – aber wia gsagt, der Erlacher bringt den Anzug, der Pepperl ziagt'n o, und – paßt hat er. *Er haut auf den Tisch.* No ja, die Ärmel warn z' lang, des stimmt, de hat d' Muada dahoam abgschnittn, und de Sach war erledigt, aber so is doch die ganze Sache furchtbar interessant. Und noch dazu will er mir den Anzug schenken – naa, sag i, Franzl, des gibt's net, es gfreut mi ja über alle Maßen, daß du mir den Anzug kredenzt – aber so sehr mich dein Antrag würdigt, so hat die Sache einen ganz anderen Haken, denn du bist selber ein armer Teufl, und wenn du mir schon den Anzug gibst, dann wollen wir die Sache finanziell regln. In dieser Beziehung bin ich ein Ehrenmann, da laß i mir nichts nachsagen. Aber wie gsagt, er bringt den Anzug, der Pepperl zieht ihn an und – paßt hat er, das is ja das Horrende an der Angelegenheit. Man muß doch bedenken, daß er mein Buam noch mit keinem Auge erspäht hat. Kennt der an Buam net, sei Bua is vielleicht a Mißgeburt, aber mei Bua is gwachsn wia eine Hyazinthe. Aber wie gsagt, der Erlacher Franzl bringt den Anzug, der Pepperl ziagt'n an und – paßt hat er! *Er haut auf den Tisch und fällt damit zu Boden.* Oha, jetzt hat's mi abidraht – wo er an Buam gar net kennt – das ist ja das Frappante – ja was is denn des? *Er rutscht beim Aufstehen immer mit den beiden Füßen aus.* Muaß i in meine alten Tag noch 's Radlfahrn lerna.

PEPPERL *kommt weinend*: Vata, mir is so schlecht.
VATER: Mir auch.
PEPPERL: Vata, i möcht hoamgeh.
VATER: Ich auch.
PEPPERL: Mach, steh halt auf.
VATER: Wenn i könna tat, scho.
PEPPERL: Was hast denn?
VATER: A Hepfa.
PEPPERL: Der legt si glei am Boden hin, der faule Kerl! *Er hängt seinen Hut an den Kleiderständer und hebt den Vater auf. Der Vater fällt immer wieder hin. Pepperl hebt ihn immer wieder auf.* Mach, steh doch auf, mir is ja selber so schlecht.
VATER *singt*: Auf der schönen grünen Wiese, da spielt...
PEPPERL: Halt doch dei Mäu! *Vater fällt wieder hin. Pepperl schimpft*: Geh, sei doch net so ekelhaft!
VATER: Ich hab gekämpft für König und Vaterland!
PEPPERL: Ja, des is ja jetzt Wurscht... *Vater fällt hin.* Jetzt wird's mir bald z' dumm wern, 's nächstemal konnst aloa in d' Firmung geh... *Vater fällt hin.* Dann setz di halt auf an Stuhl, wannst nimmer steh konnst. *Vater fällt mit dem Stuhl um.* Jetzt werd i bald narrisch wern.
KELLNER *kommt mit den Speisen herein.* Ja, um Gottes willen, wie sieht es denn hier aus, was ist denn das für ein Benehmen?
PEPPERL: Ich bin's ja net, das war ja er.
KELLNER: Das ist ganz egal. Sie gehören beide nicht in dieses feine Lokal, das ist ja furchtbar.
PEPPERL: Weil er immer soviel sauft, der alte Aff.
VATER *zum Kellner*: Ich bin ein Ehrenmann, das merkst dir!
KELLNER *hebt alles auf und stellt die Speisen auf den Tisch*: So, jetzt essen Sie Ihre Makkaroni, und dann machen Sie so schnell wie möglich, daß Sie fortkommen. Das geht doch nicht, wie Sie sich hier aufführen. *Zum Vater*: Nicht wahr, das müssen Sie doch selbst einsehen, daß das hier nicht geht.
PEPPERL: Ja, des hört der nimmer. *Vater singt.*
KELLNER, *nachdem er den Tisch in Ordnung gebracht hat*: Also bleiben Sie endlich sitzen und verhalten Sie sich ruhig, sonst lasse ich Sie rauswerfen. *Kellner ab.*
PEPPERL: So, jetzt hast es, jetzt werden wir noch rausgeschmissen

za, grad heut an mein Firmungstag. Jetzt bleibst amal sitzn, du bsuffana Uhu. *Beide fangen zu essen an. Pepperl haut mit der Kerze Vaters Nudeln hinunter.*

VATER: Mußt denn du immer beim Fressen die damische Kerzn ham! *Er nimmt sie ihm aus der Hand, ißt jetzt mit der Kerze, wickelt Nudeln darüber, steckt die Kerze in die Westentasche, holt sie wieder heraus und fährt Pepperl damit beim Essen in den Mund hinein. Pepperl schreit. Vater wirft Nudeln hinunter, der Tisch fällt um, er steckt alle Nudeln in die Tasche. Pepperl hat eine Nudel im Mund. Vater zieht sie heraus.*

PEPPERL: Wo is mei Huat, komm, lauf ma davon.

VATER: Ja, dann brauch ma nix zahln. *Beide nehmen ihre Hüte vom Kleiderständer, werfen ihn um, und Pepperl trägt den Vater hukkepack hinaus.*

KELLNER *kommt*: Halt, zahlen, zahlen!

Der Bittsteller

Die Bühne zeigt das Arbeitszimmer eines reichen Mannes. Im Hintergrund ein gewaltiger Lautsprecher.

Nach der Verdunkelung des Zuschauerraumes ergeht bei geschlossenem Vorhang durch den Lautsprecher der folgende Vorspruch:

»Es war einmal ein reicher Mann, der hatte einen schlecht erzogenen Sohn, der aber trotzdem der Liebling des Vaters war. Da kam einmal ein armer Mann aus dem Volke in das Haus, um ein Darlehen zu erbitten. Wie es ihm dabei erging, wäre eigentlich ein Trauerspiel – wenn nicht so schrecklich viel Komisches dabei passieren würde.«

Indem sich der Vorhang hebt, hört man den Schreinermeister

BRANDSTETTER *(Karl Valentin) fragen*: Ist der Herr Geheimrat zu Hause?

FANNY, *das Dienstmädchen*: Nein, der Herr Geheimrat ist leider nicht zu Hause. Wollen Sie bitte näher treten.

BRANDSTETTER *tritt ein*: Ja, dann wart i halt, bis er kommt. Wo is er denn?

FANNY: Der Herr Geheimrat hat einen Ausflug gemacht. Er muß aber bald zurückkommen. Wen darf ich denn melden?

BRANDSTETTER: Mein Name ist Brandstetter.

FANNY: Und in welcher Angelegenheit?

BRANDSTETTER: Zivil – privat halt.

FANNY: Is recht. Werd's ausrichten, sobald der Herr Geheimrat zurückkommt; bitte, warten Sie so lange. *Ab.*

BRANDSTETTER: Herrgott, mit hundert Markl wär mir gholfen, oder wenigstens mit hundertfufzge.

DER HERR GEHEIMRAT *tritt ein*: So, Fanny, ist Post gekommen?

FANNY: Nein, aber Besuch.

DER HERR GEHEIMRAT: So, wer denn?

BRANDSTETTER: Grüß Gott, Herr Geheimrat. *Er läßt seinen Schirm auf seine Füße fallen; Fanny hebt den Schirm auf und gibt ihn ihm verkehrt in die Hand.*

DER HERR GEHEIMRAT: Was suchen Sie denn?

BRANDSTETTER: Jetzt hab i den Griff verlorn.

DER HERR GEHEIMRAT: Da ist er ja! *Er gibt Hut und Mantel der Fanny.* Wie können Sie solche Leute hereinlassen?! Jeden Tag machen Sie eine neue Dummheit, Sie kann man wirklich zu nichts brauchen als zum Fressen.

FANNY *geht ab.*

BRANDSTETTER: De werd no net viel gfressen habn.

DER HERR GEHEIMRAT: Na, was ist denn? *Er setzt sich.* Hängen Sie doch Ihren Schirm irgendwo auf und Ihren Hut. *Brandstetter sieht sich ratlos um, zieht dann Nagel und Hammer aus der Tasche, schlägt den Nagel in die eine Seitenwand der Standuhr und hängt seinen Hut daran. Der Herr Geheimrat hat unterdessen gelesen und schaut sprachlos zu, steht auf.* Ja, was fällt Ihnen denn ein? Nehmen Sie gefälligst Ihren Hut da herunter. Einen Nagel in meine polierten Möbel hineinzuschlagen! Wollen Sie sofort Ihren Hut herunternehmen!

BRANDSTETTER: Wieder runternehma, na hab i ja den Nagel umsonst neighaut.

DER HERR GEHEIMRAT: Ja, sagen Sie einmal, schlagen Sie überall Nägel hinein, wo Sie hinkommen?

BRANDSTETTER: Nein, nur wo kein Kleiderhaken ist.

DER HERR GEHEIMRAT: Nehmen Sie sich einen Stuhl.

BRANDSTETTER: Bin so frei. *Er setzt sich in den Klubsessel und rutscht herunter.*

Der Herr Geheimrat: Nicht da! *Brandstetter schnalzt mit der Zunge, worauf ein Stuhl (an einer Schnur) von selbst zum Schreibtisch läuft. Er setzt sich auf diesen.*

Der Herr Geheimrat: Was ist das für ein Unsinn! Also, was führt Sie zu mir?

Brandstetter: Ja, mein Name ist Brandstetter, Holz-Schreinermeister. Wir kennen uns doch.

Der Herr Geheimrat: Ich habe Sie noch nie gesehen.

Brandstetter: Doch, doch. Sind Sie nicht einmal vor sieben oder acht Jahren mit der Elektrischen durch die Neuhauser Straße gefahren, da sind wir uns auf der hinteren Plattform vis-à-vis gesessen.

Der Herr Geheimrat: Erstens sitzt man auf einer Plattform nicht, und zweitens fahr ich nie mit der Elektrischen. Nur mit dem Auto.

Brandstetter: Nacha müssen wir uns irgendwo in einem Auto getroffen haben.

Der Herr Geheimrat: Aber ein Auto hat doch keine Plattform.

Brandstetter: Nein. Ich richt mich da ganz nach Ihnen, Herr Motorrad – – ah – Herr Geheimrat.

Der Herr Geheimrat: Jetzt erinnere ich mich, natürlich kenne ich Sie, sagen Sie, waren Sie nicht einmal vor vier Jahren –

Brandstetter: Stimmt, stimmt.

Der Herr Geheimrat: So lassen Sie mich doch erst ausreden. Waren Sie nicht einmal vor vier Jahren bei meinem Freund, dem Baron Rembremerdeng, angestellt als Gärtner?

Brandstetter: Ja, beim Herrn Baron Rembremerdeng, da war ich Gärtner. Das heißt, eigentlich war ich kein direkter Gärtner. Ich mein so: Ich war kein Direktor und ich war auch kein Gärtner. Ich war Spritzbrunnenaufdreher.

Der Herr Geheimrat: Spritzbrunnenaufdreher, ja, ist denn das auch ein Beruf?

Brandstetter: Beruf weniger. Es war eigentlich mehr so ein kloans Nebenschanzerl von mir, im ganzen Jahr hab ich ja bloß zwei Mark verdient.

Der Herr Geheimrat: Zwei Mark im ganzen Jahr? Aber davon kann man doch nicht leben.

Brandstetter: Ja, leben schon, aber wie!

Der Herr Geheimrat: Mir ist das ganz unverständlich.

Brandstetter: Da heißt's einteilen.

Der Herr Geheimrat: Aber wie ist das möglich, daß Sie im ganzen Jahr nur zwei Mark verdient haben?

Brandstetter: Ja, das kann ich Ihnen schon erzählen, wenn's Ihnen interessiert, Herr Zweirat, Herr Geheimrat. Das war so. Der Herr Baron Rembremerdeng, der hat nämlich in seinem Park eine – eine – wie heißt mer s' denn, so eine – eine Funk...

Der Herr Geheimrat: Eine Funkanlage.

Brandstetter: Nein, eine Funk... – so a ausländischer Name – eine Funk – –

Der Herr Geheimrat: Eine Funkstation?

Brandstetter: Ja – nein – Hergottsakra, jetzt is mir der Name entfalln, eine Funk – eine Funktäne.

Der Herr Geheimrat: Sie meinen eine Fontäne.

Brandstetter: Ja, mir in Giesing drauß sagen halt Spritzbrunnen, und diesen Spritzbrunnen, den hab ich alle Jahre im Frühling aufdrehen müssen, dann hat er gspritzt bis zum Herbst. Und wenn dann der Winter kommen ist, nacha hab ich ihn wieder zudrehen müssen. Und da hab ich fürs Aufdrehn a Markl kriegt und fürs Zudrehn auch a Markl, sind zusammen zwei Mark.

Der Herr Geheimrat: Ja, wissen Sie, Herr Brandstifter –

Brandstetter: – stetter, bitte!

Der Herr Geheimrat: Herr Brandstetter, für diese kurzen zwei Tätigkeiten finde ich zwei Mark eigentlich ganz gut bezahlt.

Brandstetter: Natürlich ist's gut bezahlt. Ich mach ja auch dem Herrn Baron Rembremerdeng keine Vorwürfe, nur zuwenig is halt zum Aufdrahn gwesen.

Der Herr Geheimrat: Wieso das?

Brandstetter: Ich mein so. Wenn der Herr Baron Rembremerdeng in seinem Park tausend solchene Spritzbrunnen ghabt hätt, die wo mer alle Tag auf- und zudrehn hätt müssen, das wären dann zweitausend Mark pro Tag gewesen, des wär a Gschäft.

Der Herr Geheimrat: Aber ich bitte Sie, welcher Mensch kann sich heutzutage den Luxus von tausend Spritzbrunnen leisten!

Brandstetter: Ja, niemand.

Das Telefon läutet.

Der Herr Geheimrat: Hallo, hier Geheimrat Müller.

BRANDSTETTER: Ja, und da bin ich halt zu Ihnen – denn ich hab auch an Heimgarten, und da hab ich auch an Spritzbrunnen, aber der is kleiner, ganz klein –

DER HERR GEHEIMRAT: So sind Sie doch ruhig, wenn ich spreche. – Hallo, wer ist dort? – Sind Sie doch ruhig. Ach, Herr Siebenmeier, ja, ich erwarte Ihren Anruf seit drei Wochen, das ist sehr wichtig. Also erzählen Sie mir, was sagen Sie, die Aktien sind wieder gestiegen? Das ist ja sehr interessant. *Brandstetter hat das Telefon betrachtet; er legt seinen Schirm darauf.* Hallo! Weg ist er. *Er sieht den Schirm.* Ja, was fällt Ihnen denn ein, Sie kindischer Mensch? Sie haben mir ja die ganze Unterbindung verbrochen. Wie kommen Sie denn dazu, Ihren dummen Schirm da hinaufzulegen? *Er wirft ihn herunter.*

BRANDSTETTER: Ja, Sie legen ja des Ding aa drauf.

DER HERR GEHEIMRAT: Ja, das ist doch der Hörer. Haben Sie denn noch nie ein Tischtelefon gesehen?

BRANDSTETTER: Naa, i kenn des neimodische Glump net.

DER HERR GEHEIMRAT: Für was haben denn Sie's angeschaut?

BRANDSTETTER: I hab glaubt, des is a Waag.

DER HERR GEHEIMRAT: Blödsinn. Wen interessiert das schon, wieviel Ihr dummer Schirm wiegt.

BRANDSTETTER: Auf a halbs Pfünderl schätz i ihn schon.

Das Telefon läutet.

DER HERR GEHEIMRAT: So, jetzt sind Sie aber ruhig! Hallo, ach ja, Herr Siebenmeier, wir waren leider unterbrochen. Ich bin etwas nervös. Ich habe einen lästigen Besucher da. Aber Sie müssen mir die Sache unbedingt jetzt erzählen.

BRANDSTETTER *tupft mit dem Zeigefinger fünf-, sechsmal auf die Gabel.*

DER HERR GEHEIMRAT: Ja, was haben Sie denn schon wieder gemacht, Sie Idiot? Hallo! Jetzt ist er wieder weg. Was treiben Sie denn?

BRANDSTETTER: I hab ja bloß so hitupft.

DER HERR GEHEIMRAT: Ja, ist denn so was möglich? *Er wählt.* Sind Sie denn ganz von Sinnen?

BRANDSTETTER: Nein, von hier.

DER HERR GEHEIMRAT: Was fällt Ihnen denn überhaupt ein! Ja, hier ist Geheimrat Müller. Ach, Herr Siebenmeier –

BRANDSTETTER: Ja, ist denn das so empfindlich? Wenn i da hinlang *– er langt hin –*, dann saust der andere scho fort?

DER HERR GEHEIMRAT: Ja, zum Donnerwetter, das ist ja zum Verrücktwerden!

BRANDSTETTER: Ja, wia woaß denn der andere des, daß i da hintupf?

DER HERR GEHEIMRAT: Ja, bin ich denn verpflichtet, Ihnen den Nutzen und Schaden des Telefons zu erklären? Soll ich Ihnen vielleicht an Vortrag halten? Also, zur Sache, was wollen Sie eigentlich?

BRANDSTETTER: Ja, wie gesagt. Der Kummer geht net aus. Die Kinder müssen auch in die Schule, die Frau is auch nimmer so, wie s' sein soll, mir können Sie's glauben, Herr Geheimrat, von gestern auf heut habe ich vier Nächte nicht geschlafen, und da hätt ich eben die große Bitte an Sie, ob Sie mir nicht den Betrag von –

BUBI *(Liesl Karlstadt) im Matrosenanzug kommt mit der Radiozeitung herein. Fanny begleitet ihn.* Fanny, gehen Sie einmal in mein Zimmer, und holen Sie mir die große Radiozeitung. Du, Papa, eben lese ich in der Radiozeitung, daß heute in Wien ein großer Fußballkampf ist, und den möcht ich gerne hören. Aber mit meiner Apparatur kann ich Wien nicht erreichen. Jetzt wollte ich mir eine neue Antenne auf das Dach hinaufbauen, aber die Großmutter will mit mir nicht aufs Dach hinausklettern.

DER HERR GEHEIMRAT: Das kannst du auch nicht verlangen. Die Großmutter wird morgen siebenundachtzig Jahre alt.

BUBI: Na ja, dann ist's doch nicht mehr so schad, wenn s' runterfällt –

DER HERR GEHEIMRAT: Das darf man nicht sagen. Du brauchst doch auch auf dem Dach keine Antenne. Das geht doch so auch. Du hast jedenfalls nicht richtig eingestellt.

BUBI: Natürlich habe ich richtig eingestellt. Da kannst dich gleich selbst überzeugen –. *Er schaltet ein, es kracht.*

DER HERR GEHEIMRAT: Das klingt ja häßlich.

BUBI: Ja, meine Antenne ist eben zu schwach, ich habe nichts wie Störungen.

BRANDSTETTER *schneuzt sich sehr laut.*

DER HERR GEHEIMRAT: Das klingt aber schön!

BRANDSTETTER: Scheener tuat's wie Eahna Grammingfon.

Bubi: Das ist doch kein Grammophon, das ist doch ein Radioapparat.

Der Herr Geheimrat: Da bestell ich dir eben jetzt eine Zimmerantenne. *Er telefoniert*: Hier Geheimrat Müller. Ich habe vor wenigen Wochen einen Apparat bei Ihnen gekauft, für meinen Jungen, und nun möchte mein Junge gern Wien hören, diesen Fußballmatch, aber es ist unmöglich. Er kann Wien nicht bekommen, er hat nur Störungen. Das kracht so furchtbar.

Brandstetter: Wie bei mir; ich hab auch immer so Störungen, so Darmstörungen.

Der Herr Geheimrat: Sind Sie doch ruhig!

Bubi: Stören Sie doch meinen Papa nicht.

Der Herr Geheimrat: Ruhe! Also ist diese Dachantenne nötig oder nicht? Nicht. So, eine Zimmerantenne genügt auch. Sehr gut. Danke schön. Guten Tag, Herr Haring.

Brandstetter: Des is a saudummer Name. No ja, allweil no besser, als wenn oaner Rollmops heißt –

Bubi: Haha.

Der Herr Geheimrat: Sind Sie doch still mit dem Unsinn! Also du brauchst dir keine Dachantenne machen, nur eine einfache Zimmerantenne. Da ziehst du einfach einen Draht quer durch das Zimmer – und dann hast du eine Antenne.

Bubi: Ja, dann muß ich sofort meinen Draht holen, und ihr müßt das Zimmer frei machen, und dann baue ich mir meine Antenne. Ich komme gleich wieder. *Ab.*

Der Herr Geheimrat: Mein Sohn, mein ganzer Stolz! Er ist so lebhaft. Er interessiert sich so sehr für Technik. Wissen Sie!

Brandstetter: Ja, ja, alle Kinder san ganz narrisch mit dem Radio.

Der Herr Geheimrat: Haben Sie auch Kinder?

Brandstetter: Soso.

Der Herr Geheimrat: Ich frage, ob Sie auch Kinder haben?

Brandstetter: Ja natürlich! Ich bin ja Schreinermeister.

Der Herr Geheimrat: Knaben oder Mädchen?

Brandstetter: Das könnt ich Ihna gar net genau sagn.

Der Herr Geheimrat: Aber erlauben Sie, das müssen Sie doch wissen!

Brandstetter: Ja mei, i bin die meiste Zeit unten in der Werkstatt. Ja, a Tochter hab i halt, a Deandl, a Madl und a Kind.

Der Herr Geheimrat: Soso. Sagen Sie, finden Sie, daß mein Sohn mir ähnlich sieht?

Brandstetter: Ja – jünger is er halt.

Der Herr Geheimrat: Natürlich kann er nicht älter sein.

Brandstetter: Älter auf keinen Fall. Aber, wenn ich meine Meinung sagen darf, eigentlich schaut er mehr Ihrer Frau Geheimrat, Ihrer Alten, Ihrer geheimen Alten, Ihrer alten geheimen Frau Rat, Ihrer Geheimfrau –

Der Herr Geheimrat: Meiner Frau? Kennen Sie meine Frau?

Brandstetter: Nein, kennen tu ich sie nicht.

Der Herr Geheimrat: Wie können Sie dann sagen, daß der Bub ihr mehr ähnlich schaut?

Brandstetter: Der Wimmer Sepp kennt s'. Der hat s' ausgstellt gsehn.

Der Herr Geheimrat: Was ausgstellt? Meine Frau? Ach, jetzt verstehe ich: bei dem Fotografen Sahm in der Türkenstraße.

Brandstetter: Nein, ganz woanders, der alte Witz von »Drüben beim Schweinmetzger Sieber mit an Zitronenschnitzl im Mäu«.

Der Herr Geheimrat: So eine Unverschämtheit!

Bubi *mit viel Antennendraht*: So, jetzt geht's los. Jetzt bau ich meine Antenne. Jetzt weiß ich bloß nicht, soll ich den grünen Draht nehmen oder den braunen.

Der Herr Geheimrat: Was willst du denn mit dem alten Draht? Wirf ihn doch weg. Wo ist denn der neue?

Bubi *wirft den alten Draht Brandstetter vor die Füße*: Den neuen hab ich auch mitgebracht, aber ich glaube, daß der zu schwach ist.

Der Herr Geheimrat: Der genügt vollkommen. Mach schnell. Sonst versäumst du den Fußballkampf.

Bubi *hakt das Drahtende links ein, geht an Brandstetter vorbei*: Wo ist denn mein Hammer? Ich kann meinen Hammer nicht finden. *Er geht um Brandstetter herum und um den Geheimrat und geht dann auf die andere Seite.* Natürlich, die Fanny hat ihn wieder verlegt.

Der Herr Geheimrat: Da, Bubi, da liegt er ja!

Brandstetter *spürt die Schlinge*: Hilfe! Hilfe!

Der Herr Geheimrat: Bubi, schau, der erstickt ja, gib acht!

Brandstetter, *nachdem die Schlinge von ihm entfernt worden ist*: Der Bua ist gelungen.

DER HERR GEHEIMRAT: Sie müssen Ihren blöden Kopf auch überall vornedran haben. Möchten Sie nicht dem Jungen seine Freude verderben!

BUBI: Ja, da wird doch meine Antenne kaputt, wenn Sie Ihren dummen Kopf da hintun. *Er hängt den Draht auf der anderen Seite ein, probiert das Radio, es kracht.*

DER HERR GEHEIMRAT: Schalt aus! Schalt aus!

BUBI: Jetzt klingt er genauso scheußlich wie vorher, Papa.

DER HERR GEHEIMRAT: Bau dir halt noch eine zweite Antenne. Die machst du da oben rüber, machst sie am Lüster fest und ziehst sie dann auf die andere Seite zurück.

BUBI: Ja, da wird mir aber der Draht nicht reichen. *Er steigt mit dem Draht auf den Stuhl, den Tisch und auf Brandstetters Kopf.*

BRANDSTETTER: Der steigt mir direkt aufs Haupt.

DER HERR GEHEIMRAT: Komm runter, Bubi. Du könntest mir sonst herunterfallen. Die Fanny soll dir die Leiter bringen. – Fanny, bringen Sie rasch die Leiter.

BUBI: Ja, die Leiter und einen Hammer. *Fanny bringt Leiter und Beil.*

DER HERR GEHEIMRAT: Was wollen Sie denn mit dem Beil? Ich habe doch Hammer gesagt, Sie blöde Kuh!

BUBI: Da, nehmen Sie den Draht, Sie dumme Gans. Sie müssen weggehen! *Er zieht die Leiter auseinander, wirft Brandstetter herunter, der verwickelt sich in die Antenne und in den vielen Draht, der am Boden liegt; Brandstetter hängt seinen Schirm in die Antenne ein, spielt damit Schwebebahn und läuft seinem Schirm nach; er stellt seinen Stuhl in die Leitersprosse hinein. Bubi hat immer dabei geschrien.*

DER HERR GEHEIMRAT: So bleiben Sie doch endlich sitzen, Herr Brandstetter!

BUBI *steigt auf die Leiter*: Weißt du Papa, so einen alten Esel hab ich noch nie gesehn. *Er hängt den Draht in den Lüster ein.*

DER HERR GEHEIMRAT: Das sagt man nicht – aber der Junge hat recht, einen anderen Ausdruck kann er gar nicht gebrauchen. So, jetzt komm herunter und zieh deinen Draht ans andere Ende. Sonst versäumst du noch den Anschluß. *Bubi wirft den Draht auf Brandstetters Kopf und steigt dann herunter.*

BRANDSTETTER: Zefix.

Der Herr Geheimrat: No, wegen dem kleinen Brettchen, Sie Tölpel! *Bubi hängt den Draht ein.* Tun Sie doch die Leiter hinaus, Fanny! Was halten Sie denn Maulaffen feil? *Bubi und Fanny ziehen die Leiter weg, Brandstetter bleibt hängen.* Halt, halt, bleiben Sie doch da, wo fahren Sie denn hin? *Brandstetter zuckt die Achseln.*

Bubi: Gehn Sie weg! *Er wirft ihn herunter. Brandstetter untersucht seinen Stuhl.*

Der Herr Geheimrat: Was schauen Sie denn da?

Brandstetter: I hab bloß gschaut, ob da net ein Montor drinnen ist.

Bubi: Montor, Montor – das heißt ja Motor!

Der Herr Geheimrat: Gib dir doch keine Mühe, der wird's nie begreifen. – Kommen Sie endlich zur Sache. Was wollen Sie eigentlich von mir?

Brandstetter: Meine Notlage ist eben so kompriminierend, und so würde ich Ihnen sehr empfehlen, mir ein bißchen unter die Arme zu greifen in Gestalt eines Darlehens von ungefähr, sagn mar –

Bubi *schaltet das Radio ein, die Musik ist so laut, daß die beiden sich nicht mehr verstehen können; er schaltet wieder aus.*

Der Herr Geheimrat: So reden Sie doch lauter, was wollen Sie denn?

Brandstetter: Ja, ich hab mir eben gedacht, ungefähr die Summe von –

Bubi *schaltet zum zweiten Male ein – Musik – er schaltet aus*: Das ist jetzt schon Wien!

Der Herr Geheimrat: Ja, so reden Sie doch lauter, ich versteh Sie nicht, wieviel wollen Sie denn von mir?

Brandstetter: Ja, man hört ja nix mit dera Saumusik!

Der Herr Geheimrat: Mein Bub macht keine Saumusik.

Bubi: Was, Saumusik? Das ist ja keine Saumusik, sondern eine Radiomusik. *Er schlägt Brandstetter mit dem Hammer auf die Hand.*

Brandstetter: Au, au, au!

Der Herr Geheimrat: Na, na, sind Sie nur nicht so empfindlich, wenn Sie der kleine Junge mit dem Hämmerchen auf die Hand schlägt. – Also kurz, ich habe keine Lust mehr, mit Ihnen noch länger zu verhandeln. Was wollen Sie denn haben? *Bubi schaltet zum dritten Male die Musik ein. Zugleich läutet das Telefon.* Bubi, schalt aus, schalt aus, das Telefon! *Bubi schaltet aus. Wenn der Herr Geheimrat sprechen will, spricht Brandstetter immer dazwischen*: »Ich komm halt dann a andersmal.«

DER HERR GEHEIMRAT: So sind Sie doch endlich still, zum Donnerwetter! Kann man denn heute nicht telefonieren?

BRANDSTETTER: Ja, jetzt is er doch stad, der Grammophon.

DER HERR GEHEIMRAT: Ja, aber hier wird doch telefoniert! Schweigen Sie doch!

BUBI: Ja, schweigen Sie, mein armer Papa wird ganz nervös, sind Sie still! *Er schlägt ihn mit einer Papierrolle auf den Kopf.*

DER HERR GEHEIMRAT: Aber Bubi, sei doch ruhig. – Schweigen Sie!

BUBI: Ja, schweigen Sie! *Er schlägt mit der Papierrolle auf den Tisch und läuft ab.*

BRANDSTETTER: Bin i denn da zum Teifi reikumma?

DER HERR GEHEIMRAT *am Telefon*: Ja, ich verstehe, schön! Ich komme hernach zu Ihnen rüber, Herr Direktor. Ich werde gleich meinem Chauffeur Bescheid sagen. Sie können sich verlassen drauf. Auf Wiedersehen, Herr Direktor. *Er steht eilig auf.* Entschuldigen Sie einen Augenblick, bester Herr Brandmiller.

BRANDSTETTER: Brandstifter bitte, – a – a – Brandstetter.

DER HERR GEHEIMRAT: Sie wissen scheint's selbst nicht genau, wie Sie heißen.

BRANDSTETTER: I kannt ja vielleicht morgen wiederkumma.

DER HERR GEHEIMRAT: Nein, nein, um Gottes willen. Bleiben Sie, ich komme sofort wieder. *Ab.*

BUBI *läuft herein mit Werkzeugkiste und Isolierband*: So, jetzt muß ich mich aber beeilen, daß ich meine Antenne richtig in Ordnung bringe. Gehn Sie weg, bitte schön – *er wirft das Kistl auf den Boden und steigt auf die Leiter hinauf.* Ich muß nämlich jetzt meine Antenne isolieren, sonst gibt's Kurzschluß. Da können Sie mir gleich behilflich sein. Geben Sie mir einmal diese Kiste herauf, bitte schön.

BRANDSTETTER: Des kannst dir denka – aber wenn i s' ihm net naufgib, dann gibt mir der Alt koa Geld.

BUBI: Sie sollen mir diese Kiste heraufgeben, Sie altes Trampeltier.

BRANDSTETTER: Obischlagen tua i di jetzt von der Loater. *Er gibt ihm die Kiste hinauf – es fällt alles heraus.*

BUBI *wirft die Kiste auf ihn*: Nicht einmal diese Kiste können Sie heraufgeben, Sie altes Kamel.

BRANDSTETTER: Jetzt werd's mir z' dumm!

BUBI: Ich sag's schon meinem Papa!

BRANDSTETTER: Wo ist denn dei Papa hingangen?

BUBI: Der ist in die Garage. Der muß dem Chauffeur Anweisung geben.

BRANDSTETTER: Kommt er gleich wieder?

BUBI: Nein!

BRANDSTETTER: Na san ma ja ganz alloa?

BUBI: Ja, wir sind allein!

BRANDSTETTER: Des is recht. Da kimm amoi runter. *Bubi steigt rasch von der Leiter, schreit nach Papa und Fanny.* Du Saubua, du drekkater, was erlaubst dir denn du alles gegen an alten Mann? Du hast a nette Bildung.

BUBI: Papa! – Fanny! – Sie, werden Sie ja nicht frech! *Er wirft ihm Papiere hinauf.*

BRANDSTETTER *läuft ihm nach*: Was, frech, du Rotzkrippi. *Er packt ihn, gibt ihm Ohrfeigen, schlägt ihn mit dem Beil. Bubi schreit, schlüpft unter den Schreibtisch und weint laut. Brandstetter wirft ihm alles mögliche unter den Schreibtisch und schlägt mit dem Schirm hinein.* Du Herrschaftskrüppel, du wampeter. Zwoamal hast mi übern Stuhl nuntergschmissen, mit'n Draht hättst mi bald derdrosselt, an Hamma hast ma auf d' Pratzen naufghaut, und du möchst a Herrschaftskind sei? Du Galgenhund, du ausgschamter.

BUBI: I sag's schon meinem Papa!

BRANDSTETTER: Oa Wort wennst halt sagst, dann reiß i dir deine Ohrwaschel raus aus deim Saukopf. Mir wennst ghörn tatst, dir tat i a Bildung lerna. Alle Tage tat i di auf a glühade Ofenplatten naufsetzen, du Schafottpflanzerl, du Salonstrizzi.

BUBI: Wenn mein Papa kommt, dann können Sie was erleben.

BRANDSTETTER: 's Maul halt, sag i! Du Galgenbua, du unzeitiger!

DER HERR GEHEIMRAT *von außen*: Warten Sie unten mit dem Wagen, ich fahre sofort weg. *Er kommt herein.* So, das ist erledigt. – Ja, wie sieht es denn hier aus, in meinem Zimmer? Wo ist denn der Bubi, wo ist mein Sohn?

BRANDSTETTER: Das weiß i net. Also auf Wiedersehn! I komm lieber morgen!

DER HERR GEHEIMRAT: Bleiben Sie hier! Was ist denn hier los? Bubi!

BUBI: Hallo, hallo! Hier bin ich!

DER HERR GEHEIMRAT: Da ist er ja unterm Tisch! Ja, der weint ja, was hat er denn?

BRANDSTETTER: Kuckuck hat er gspielt, und na hat er sich angstesßen am Kopf.

BUBI: Uih, das ist gar net wahr, der lügt dich an!

DER HERR GEHEIMRAT: Der kommt mir ganz verändert vor. Bubi, komm heraus, was hast du denn?

BUBI: Ich kann nicht herauskommen, weil ich mich fürchte.

DER HERR GEHEIMRAT: Was fürchten! Komm heraus!

BUBI: Ich trau mich nicht, ich hab soviel Angst!

DER HERR GEHEIMRAT: Komm heraus. *Er zieht ihn heraus.* Also, was ist los, rede!

BUBI: Der Mann hat – *Brandstetter schaut ihn böse an, aber in dem Augenblick, in dem der Herr Geheimrat sich umschaut, macht er ein freundliches Gesicht.* Schau, wie mich der anschaut.

DER HERR GEHEIMRAT *dreht sich um*: Also rede!

BUBI: Ja, der hat – jetzt droht er mir sogar!

DER HERR GEHEIMRAT: Also, was ist hier passiert? Ich will wissen, was jetzt hier vorgegangen ist.

BUBI: Ja, das war so – jetzt schaut er schon wieder so!

DER HERR GEHEIMRAT: Also heraus damit!

BUBI: Ja, jetzt sag ich aber auch alles, und wenn Sie mir auch drohen. Ich fürcht mich nicht mehr vor Ihnen. Weißt du, Papa, wie du draußen warst, da war ich ganz still und brav. Da hat mich der Herr von der Leiter heruntergeworfen, hat häßliche Wörter zu mir gesagt und hat mich ins Gesicht und auf den Kopf geschlagen.

DER HERR GEHEIMRAT: Was, Sie haben mein Kind geschlagen?

BRANDSTETTER: Mein Herz denkt nicht daran.

BUBI: Jawohl, er hat mich geschlagen, mit dem Beil und mit dem Regenschirm, und eine Menge Ohrfeigen hat er mir gegeben.

BRANDSTETTER: Ist nicht wahr!

DER HERR GEHEIMRAT: Sie hören doch. Mein Junge sagt es, und der Junge hat noch nie gelogen.

Brandstetter: Ja, wenn Sie Ihrem Rotz... Ihrem Herrn Knaben mehr glauben als wie einem alten Mann –

Bubi: Jawohl, Sie haben gesagt, ich bin ein Rotzbankert und ein wampeter Herrschaftskrüppel. Jawohl. Und dann hat er gesagt, wenn ich dir ein Wort erzähle davon, dann wird er mir alle beide Ohren wegschneiden und mich auf eine glühende Ofenplatte hinaufsetzen.

Der Herr Geheimrat: Ja, Sie Harmann! Sie ausgewachsener! Meinem Kinde solche Scheußlichkeiten zu sagen, das ist der Gipfel einer verruchten Phantasie.

Bubi: Ja, und dann hat er noch gesagt, ich bin eine Schafottpflanze und ein Salonstrizzi.

Der Herr Geheimrat: A – a – a – a – und Sie wagen es, mich zu bitten um ein Darlehen von –

Brandstetter: Von einhundertfünfzig Mark, wenn ich bitten darf.

Der Herr Geheimrat: Schweigen Sie! Sie kommen als Bittsteller und führen sich hier auf wie ein Straßenräuber. Nehmen Sie sich in acht. Aber ich gebe Ihnen das Geld. Kommen Sie her! Aber nur, damit ich Sie endlich loswerde. Bitte unterschreiben Sie da. Sie bekommen einhundertfünfzig Mark auf die Dauer von drei Monaten, verpfänden zur Sicherheit Ihre Werkstätte mit Inventar und zahlen eine Kleinigkeit Zinsen, sagen wir fünfzehn Mark. So, und nun unterschreiben Sie. *Legt ihm die Quittung vor. Brandstetter nimmt den Bleistift, unterschreibt.*

Bubi *reißt ihm den Bleistift aus der Hand*: Das ist mein Bleistift.

Der Herr Geheimrat: Der Bub hat ganz recht, da, nehmen Sie den Federhalter. *Brandstetter schreibt.*

Bubi *stößt ihn von hinten, er wirft dabei die Tinte um*: Meinen Sie, ich leihe Ihnen meinen Bleistift auch noch?

Der Herr Geheimrat: Sind Sie wahnsinnig, über meine wichtigen Schriftstücke die Tinte auszuschütten? Sie Esel, Sie dummer. Und ich hab auch noch reingegriffen, ich bin auch noch voll geworden.

Brandstetter: Da sind S' auch noch voll. *Er wischt ihm mit dem Löscher im Gesicht herum, der Geheimrat schimpft, Brandstetter wischt sich die Hände an einem Zierdeckchen ab.*

Der Herr Geheimrat: Wollen Sie das unterlassen, Sie Schweinepelz! *Er öffnet die Schublade, nimmt Geld heraus.*

BUBI: Jetzt hab ich mir was ausgedacht, dem tu ich jetzt was an, weil er gar so frech war zu mir. *Er bindet ein Schnurende an Brandstetters Arm, das andere Ende an eine wertvolle Nippesfigur.* So, das ist jetzt die Strafe, weil er gar so ungezogen war zu mir. *Er läuft zum Herrn Geheimrat.*

BRANDSTETTER *hebt während des Schnuranbindens die Arme in die Höhe und sagt*: Wissen S', Herr Geheimrat –

DER HERR GEHEIMRAT: Sind Sie ruhig! *Er zählt ihm das Geld hin.* So, und jetzt machen Sie, daß Sie rauskommen.

BRANDSTETTER: Dank schön, Herr Geheimrat, nix für ungut.

DER HERR GEHEIMRAT: Ja, ja, ja, gehn Sie nur! *Er hält ihm die Hand hin.* Leben Sie wohl!

Brandstetter greift nach der Hand, die Schnur spannt sich, und die Figur fällt herunter. – Großes Schweigen.

BUBI *springt auf den Tisch*: Uih, der hat die herrliche Figur heruntergeworfen.

BRANDSTETTER: Ich??

DER HERR GEHEIMRAT: Jawohl, Sie haben die Figur zerbrochen.

BRANDSTETTER: Ich?? Vielleicht is a Lastauto vorbeigfahrn drunt!

BUBI: Ha, Lastauto!

BRANDSTETTER: Ja, ich hab mich doch gar net vom Platz grührt.

DER HERR GEHEIMRAT: Wollen Sie vielleicht behaupten, ich bin's gewesen?

BUBI: Oder wollen Sie gar sagen, ich sei es gewesen?

BRANDSTETTER *entdeckt die Schnur an seinem Arm*: Da schaun S' her, Herr Geheimrat, Ihr saubers Früchterl hat mir –

DER HERR GEHEIMRAT: Aber Bubi, das kann ich gar nicht glauben!

BUBI: Ha, ha, ha. Diese Schnur hat er sich selbst herumgebunden um den Arm.

BRANDSTETTER: Du Saubua!

DER HERR GEHEIMRAT: Was? Ich?

BRANDSTETTER: Nein, der hintere!

DER HERR GEHEIMRAT: Sie, werden Sie mir ja nicht gewalttätig, sonst ruf ich das Wasserfall – a, das Überfallkommando. Wissen Sie denn überhaupt, was diese Figur kostet? Dreihundert Mark, die müssen Sie mir ersetzen.

BRANDSTETTER: Ja, wie soll denn i als armer Mann dreihundert

Mark zahlen könna? I kannt Eahna höchstens hundertfünfzig Mark ozahln, di wo S' mir grad gebn ham, und des andere halt dann in Raten – *er legt das Geld auf den Tisch* – o mei, o mei!

DER HERR GEHEIMRAT: Wie man sich nur in einer fremden Wohnung so aufführen kann! Machen Sie, daß Sie nauskommen!

Radio-Signal.

BUBI: Still, das ist jetzt der Fußballmatch.

Lautsprecher spricht weiter: »Vor der Übertragung des internationalen Fußballwettkampfes in Wien folgt noch ein Vortrag von Professor Knigge: ›Wie erziehe ich meine Kinder.‹«

BRANDSTETTER: Da horcha S' zua, Herr Geheimrat, da könna Sie aa no was lerna!

Der Theaterbesuch

Der Schauplatz der Handlung ist ein altmodisches, kleinbürgerliches Mansardenzimmer mit vergilbter, billiger Tapete aus Großvätertagen. Über dem geschweiften Plüschkanapee zur Linken hängt in kitschigem Goldrahmen ein Blumenstück im Vierfarbendruck. Die beiden Fenster im Hintergrund scheinen auf irgendeine Brandmauer hinauszugehen; jeder Flügel ist in drei Scheiben geteilt. Lange nicht gewaschene cremefarbige, helle Vorhänge ohne Übergardinen sind zu beiden Seiten der Fenster gerafft, zwischen beiden Fenstern ein altmodisches Frauenbild in ovalem Rahmen, darüber ein unförmig großer Geschäftskalender, der als Datum eine große Acht trägt oder irgendein anderes Datum, das weit zurückliegt, so daß man erkennt, wie lange er nicht abgerissen worden ist. Rechts vom Fenster auf einem Wandbrett ein Vogelbauer, in der Ecke ein Kachelofen mit Blechrohr nach oben, an dem eine Wäscheleine mit Wäsche zum Trocknen festgemacht ist, auf der oberen Ofenkante eine Kaffeemühle, in der Durchsicht eine bauchige, runde, tönerne Kaffeekanne, in der offenbar Kaffee gewärmt wird. Eine altmodische Kommode steht zwischen den Fenstern, darauf ein Radio und mehrere Nippsachen. In der Bühnenmitte ein viereckiges Rohrtischchen, das mit einer weißen Klöppeldecke bedeckt ist, darauf ein Blu-

menstrauß in einer billigen Vase. Vor dem Kanapee ein runder Tisch mit Plüschdecke und leuchtender Posamentenkante. In der schrägen Seitenwand ein Dachfenster.

DIE FRAU *(Liesl Karlstadt) trägt über ihrem Kleid eine blaue Schürze mit weißer Kante.*

DER MANN *(Karl Valentin) hat einen struppigen Vollbart und eine Glatze, die nur durch wenige zur Seite gekämmte Haare gegen die Stirn abgegrenzt ist. Seine weite dunkle Hose schlägt Falten, die helle, oft geflickte Weste ist aufgeknöpft. Sein Chemisett hat einen niedrigen, breiten Gummiumlegekragen, unter dem eine altertümliche schwarze Binde, wie sie früher die Handwerker trugen, durchgezogen ist.*

Beim Aufgehen des Vorhangs sieht man den Mann am Tisch sitzen und Zeitung lesen.

DIE FRAU *kommt eilig herein:* Du, Alter, denk dir nur, jetzt geh ich eben über die Treppen rauf, da begegnet mir unsere Hausfrau und hat mir schon wieder was gschenkt – rat amal, was s' mir geschenkt hat?

DER MANN: Sei net kindisch, sag's halt.

DIE FRAU: Da schau her, zwei Theaterbilletten für'n Faust – was sagst denn du dazu?

DER MANN: Dankschön! Warum geht s' denn net selber nei, des alte Luada?

DIE FRAU: Ja mei, sie wird halt koa Zeit ham.

DER MANN: Soso, s i e hat keine Zeit, aber w i r müssen schon Zeit habn.

DIE FRAU: Aber sei doch net so undankbar.

DER MANN: Da siehst doch ganz deutlich, daß die Frau irgendwas gegen uns hat, sonst tat s' doch net ausgerechnet uns die Karten schenken.

DIE FRAU: Aber sie wollte uns doch nur eine Freude bereiten.

DER MANN: Sie uns?! Haben wir vielleicht ihr schon mal eine Freude bereitet?! – Niemals!

DIE FRAU: Also willst mitgehn? Ja oder nein?

DER MANN: Wann geht denn des an?

DIE FRAU: Des weiß i net – i geh nunter und frag s' noch amal.

DER MANN: Des geht halt um halb acht Uhr an.

DIE FRAU: Jetzt is's ja schon dreiviertel sieben Uhr, da tät ma nimmer fertig werden! Aber die Theater gehn doch meistens erst später an – um acht Uhr.

DER MANN: Naa, zwischen halb acht und acht Uhr gehn s' an.

DIE FRAU: Naa, vor acht Uhr auf keinen Fall; immer gehn die Theater erst später an; weißt noch, vor vier Wochen warn ma amal in an Frühschoppen, der ist erst um zehn Uhr angegangen.

DER MANN: Ja, was mach ma denn da?

DIE FRAU: Überleg dir's halt net lang, komm!

DER MANN: Gegessen ham ma auch noch nicht.

DIE FRAU: Das Essen ist fertig.

DER MANN: Ja, i werd scho fertig, kampelt bin ich gleich.

DIE FRAU: Das kannst hernach machen, jetzt eß ma zerst. *Sie geht ab. Der Mann nimmt einen Spiegel und stellt ihn auf den Tisch; der Spiegel fällt immer wieder um. Die Frau kommt mit Tellern und Besteck.* So, jetzt schaun ma, daß wir weiterkommen. Ja, gibt's denn des auch – stell 'n halt auf. *Der Spiegel bleibt stehen, aber nur verkehrt herum.*

DER MANN: Ich kann doch net soo neinschaun.

DIE FRAU: Dreh ihn halt um.

Der Mann dreht den Spiegel um, aber nun bleibt er wieder nicht stehen, sondern fällt immerzu um. Die Frau stellt ihn richtig hin. Der Mann kämmt sich.

DIE FRAU: Jetzt möcht ich bloß wissen, was 's da zu kämmen gibt – da kannst doch keinen Scheitel mehr machen, aus der Mordstrumm Plattn.

DER MANN: Das bin ich noch so gewöhnt von früher her.

DIE FRAU: Wie nur der Mensch so eitel sein kann – für wen richtst dich denn gar so schön zsamm, mir gfallst, und wem andern brauchst net gfallen.

DER MANN: Vielleicht sitzt im Theater ein sauberes Madl neben mir.

DIE FRAU: Die wird dann grad dich anschauen, die schaut doch den Faust an!

DER MANN: I mein ja, in der Pause.

Die Frau geht und bringt das Essen, eine Schüssel mit Kraut und Würstchen.

DER MANN: Schon wieder Eintopf!

DIE FRAU: Bei uns hat's doch noch nie was anderes gebn. *Jeder kriegt eine Wurst, er nimmt sie, zieht sein Metermaß aus der Hosentasche, mißt beide Würste, gibt der Frau die kleinere und behält die längere für sich; dann fahren beide hastig mit ihren Gabeln ins Kraut, die Gabeln verfangen sich ineinander, sie ziehen vergeblich jeder nach seiner Seite daran. Endlich schlägt er die Gabeln mit seinem Messer auseinander. Während des Hin- und Herziehens schaut er auf den Regulator an der Wand.*

DIE FRAU: Da, jetzt ist die krumm, jetzt weiß ich wenigstens, wer unsere Gabeln immer so kaputt macht. Jetzt eß ma aber schnell.

DER MANN: Schnell soll man nicht essen, das ist ungesund.

DIE FRAU: Da hast a Kraut! *Sie steht auf und gibt ihm Sauerkraut auf seinen Teller.*

DER MANN *wirft es zornig mit der Hand zurück.* Ich nimm mir mei Sach scho selber. *Er nimmt sich Sauerkraut. Er schaut in den Spiegel.*

DIE FRAU: Mach doch keine Geckerl, unterm Essen brauchst doch nicht in den Spiegel schaun.

DER MANN: Gerade da – dann hat man zwei Portionen. Was mach ma denn mit unserem Buben, wenn er von der Arbeit heimkommt?

DIE FRAU: Da hab ich schon drandenkt. – 's Essen müss ma ihm warmhalten, und bevor wir fortgehen, müss ma ihm an Zettel schreiben – iß nur du weiter, den schreib ich gleich. *Sie holt aus der Kommode Papier und Tinte.* Dann schreib ich, daß wir nicht daheim sind.

DER MANN: Des brauchst ihm net schreiben, das sieht er ja selber – aber des mußt ihm schreiben, daß wir fortgegangen sind.

DIE FRAU: Das mein ich ja! Ich schreibe ihm, daß wir nicht da sind, weil wir abwesend sind.

DER MANN: Schreib: München, den –

DIE FRAU: Nein, ich schreib: Lieber –

BEIDE: Ja, wie hoaßt jetzt der?

DIE FRAU: Du als Vater wirst doch wissen, wie der Bub heißt.

DER MANN: Du als Mutter mußt es viel eher wissen.

DIE FRAU: Weil man eben immer Bub zu ihm sagt, ja wie heißt er denn?

DER MANN: Wart – ich frag die Nachbarin.

DIE FRAU: Naa – da wern ma doch selber draufkomma, Jeßmarandjosef – ah, Josef heißt er. Also: Mein lieber Josef –

DER MANN: Das kannst net schreiben, weil er mir auch gehört.

DIE FRAU: Dann schreib ich halt unser lieber Josef, daß d' a Ruah gibst. – Unser lieber Josef...

DER MANN: Sehr geehrter Herr, unser lieber Josef –

DIE FRAU: Dein Essen steht in der Küche am Ofen, mach es dir warm, weil es schon kalt ist...

DER MANN: Es ist bereits Dezember.

DIE FRAU: Ich mein doch 's Essen – kalt ist und weil wir ins Theater gehen müssen.

DER MANN: Wenn ma net mögen, müss ma net.

DIE FRAU: Dann schreib ich dürfen – können – wollen – sollen –

DER MANN: – werden.

DIE FRAU: Dann sind wir doch schon fort, wenn er den Zettel liest.

DER MANN: Dann schreibst: Gegangen sind.

DIE FRAU: Sollte das Theater aus werden, dann kommen wir vielleicht bestimmt nach Hause. Es grüßt Dich –

DER MANN: Hochachtungsvollst –

DIE FRAU: Deine fortgegangenen Eltern nebst Mutter.

DER MANN: Bei die Eltern ist doch d' Mutter schon dabei!

DIE FRAU: Dann mach i halt an Punkt, sonst liest des Rindviech weiter.

DER MANN: Jetzt schreib noch hin: Solltest Du aber das Essen lieber kalt mögen – dann brauchst Du es nicht warm zu machen.

DIE FRAU: Weil es sonst zu heiß wird. So, den legen wir jetzt am Tisch her. Oder vielleicht sieht er ihn da net glei – er geht doch meistens bei der Tür herein, dann legen wir den Zettel am Boden her.

DER MANN: Dann tritt er drauf mit die schmutzigen Stiefel und kann ihn nicht mehr lesen.

Er stellt den Brief auf das Seitentischerl, wo er ihn an die Blumenvase lehnt.

DIE FRAU: Das ist nichts da, mit dem Blumenbukett, da meint er ja, er hat Namenstag.

DER MANN: Er hat aber kein Namenstag.

DIE FRAU: Aber das irritiert ihn – also das ist nichts.

DER MANN *lehnt den Brief an den Spiegel:* Das ist großartig, da schau her, jetzt wenn er kommt, stellt er sich daher, schaut in den Spiegel hinein und denkt sich, was ist denn das für ein Zettel? Dann sieht er ihn.

DIE FRAU: Wir schauen freilich nei, weil wir wissen, daß da ein Zettel liegt – aber er hat ja keine Ahnung, jetzt, wenn er nicht neinschaut?

DER MANN: Das ist Grundbedingung, daß er neinschaut.

DIE FRAU: Wenn er aber net neinschaut, dann hast den Zettel umsonst hingstellt.

DER MANN: Ja so, halt, ich hab's – jetzt schreibst noch mal an Zettel: Wenn Du heimkommst, schaue sofort in den Spiegel.

DIE FRAU: Also: Wenn Du heimkommst, schaue sofort in den Spiegel hinein, dann siehgst Du was – schreib ich. So – jetzt ham ma uns so lang mit der Schreiberei aufghalten – jetzt geht's auf sieben Uhr – is gut, daß das Theater erst um acht Uhr angeht.

DER MANN: Um halb acht Uhr geht's an.

DIE FRAU: Ich mein, abspülen tu ich erst morgen früh, sonst wird's zu spät. *Sie serviert ab.*

DER MANN *sucht überall herum, zieht die Schubladen auf und schüttelt den Kopf.* Fanny, wo hast denn mei Kragenknöpferl?

DIE FRAU: Jetzt geht wieder d' Suche nach dem Kragenknöpferl an, hunderttausend Kragenknöpferl hab ich dir schon...

DER MANN: Des is zuviel – oans brauch ich bloß.

DIE FRAU: Ich möcht bloß wissen, wo du die Kragenknöpferl immer hinbringst, ich glaub, du frißt sie direkt. *Sie nimmt die Knopfschachtel und zeigt sie ihm. Der Mann stürzt auf sie zu, beide stoßen mit ihren Köpfen zusammen, er wühlt in der Schachtel, endlich findet er ein Kragenknöpferl und hält es ihr triumphierend unter die Nase.*

DIE FRAU: Jetzt mach ich mich fertig – ah, in d' Küch muß ich noch mal. *Sie geht ab.*

DER MANN *ruft ihr nach:* Wo ist denn mein Kragen?

DIE FRAU: Wos d'n gestern hinglegt hast.

DER MANN *quält sich mit dem Umbinden des Kragens ab, bringt es aber nicht fertig, das Kragenknöpferl durch das zweite Knopfloch des Bündchens zu schieben:* Fanny, mach mir mein Kragen ein, bevor ich narrisch werd.

DIE FRAU *stürzt mit der Brennschere im Haar wieder herein.* Du mußt mir schon mei Ruh lassen, sonst werd ich auch nicht fertig – was soll ich denn tun?

DER MANN: Mein Kragen sollst mir einmachen, sonst wirf ich ihn hintern Ofen.

DIE FRAU: Da, halt amal d' Scher! *Sie faßt die Lockenschere an den Holzgriffen und hält ihm das heiße Eisenteil hin.*

DER MANN: Au – dumme Gans, gibt s' mir die heiße Schere so in d' Hand.

DIE FRAU: Ja, wie soll ich dir's denn sonst geben? Ich kann dir's doch net so geben! *Sie faßt die Schere am Metallteil an.* Au!

DER MANN *läßt sein Kragenknöpferl auf den Boden fallen:* Jetzt hab ich mei Knöpferl hinuntergeworfen. *Er reißt ein paarmal die elektrische Zuglampe herunter und stößt sich dabei den Kopf an.*

DIE FRAU: Jetzt hat er wieder kein Knöpferl – also wennst so weitermachst, dann kommen wir viel zu spät, das sag i dir glei. *Sie sucht das Knöpferl.* Vielleicht ist's unterm Diwan?

DER MANN: Der is ja hingemaln, da unter der Kommode is es hingfalln! *Sie bückt sich suchend, er hebt die Kommode etwas auf, das Geschirr und die Nippsachen fallen herunter.*

DIE FRAU: Jessasmarandjosef, mei schöns Geschirr! *Sie schimpft wütend weiter.*

DER MANN *lacht:* Da is ja 's Knöpferl! Wo is denn mei Kragen –?

DIE FRAU: Jetzt hat er wieder koan Kragen – da is er ja!

DER MANN: Nein, an Kragen ... da is er ja.

DIE FRAU: Ich zieh mich jetzt an, dann is wenigstens eins fertig; soll ich das schwarze Kleid anziehn?

DER MANN: Ja.

DIE FRAU: Oder das braune?

DER MANN: Ja.

DIE FRAU: Ich kann doch net zwei Kleider anziehn!

DER MANN: Dann friert's dich net.

DIE FRAU: Wenn man nur dich um was fragt – jetzt ziag i amal 's braune an – dann sehn ma's schon, 's schwarze kann i dann immer noch anziehn. *Sie geht ab.*

Der Mann hat inzwischen Kragen und Krawatte umgebunden. Er sucht seine Schuhe und findet sie. Während er den einen an-

zieht, stellt er den anderen auf den Tisch. Beim Zuschnüren ärgert er sich über die Schuhbänder.

DIE FRAU *kommt in einem braunen Kleid hereingestürzt.* Geh, mach mir amal mei Kleid ein, das kann ich net allein.

DER MANN: Auweh – jetzt kommen wieder die fünfhundert Hakerln alle.

DIE FRAU: Nein, brauchst koa Angst ham, i hab ja an Reißverschluß hinmachen lassen. *Der Mann macht den Reißverschluß zu.* Des war doch früher furchtbar; wenn man ein Hakerl zugemacht hat, dann is das andere wieder aufghupft, und beim Ausziehen, wenn man eins aufgmacht hat, is des ander wieder zughupft.

DER MANN: Jetzt red net lang, schau, daß d' fertig wirst. *Das Schuhband reißt ihm ab, er schimpft und flucht vor sich hin.*

DIE FRAU: Sei doch net so nervös! Ich weiß net, andere Leut gehn doch auch ins Theater.

DER MANN: Das sind auch keine Schuhbandln.

DIE FRAU: Das nächste Mal zieh ich dir a paar Drahtseil ein – aber die reißt du auch noch ab. *Sie geht ab.*

Der Mann knüpft das Schuhband zusammen, steht dann auf, stampft ein paarmal mit beiden Füßen und zieht dann Weste und Jackett an.

DIE FRAU *kommt mit ihrem Hut in der Hand wieder herein:* Ich weiß net, der Hut, find ich, paßt net recht zu dem braunen Kleid.

DER MANN: Setz an andern auf – schick dich! *Er setzt seinen Hut auf und ist fertig.*

DIE FRAU: Und der macht mich furchtbar frech.

DER MANN: Der hat mir noch nie gfalln.

DIE FRAU: Ich setz das Theatertuch auf, das steht mir auch besser.

DER MANN: Das tust – aber geh – mach – wir kommen zu spät. *Er trippelt nervös hin und her.*

DIE FRAU *sucht ihren Pompadour und ihren Fächer:* Jetzt muß ich noch a bisserl aufräumen.

DER MANN *schimpft*: Ja, d' Stiegn tät ich noch putzen und d' Fenster putzen, langweiliges Frauenzimmer.

DIE FRAU *schimpft auch:* Ja, sei nur net so grantig! Ich kann doch auch nichts dafür, daß i zwei Billetten gschenkt kriegt hab.

DER MANN: Des Mistviech soll 's nächste Mal selber ins Theater gehn und andere Leut net damit belästigen.

Die Frau: Ich darf mich nur amal auf was gfreun, bei uns is amal a so, zum Arbeiten bin i 's ganze Jahr guat gnua, aber –

Der Mann: Und i zum Verdienen.

Die Frau: Jetzt geht's scho wieder dahin, i kenn di schon, jetzt hört's wieder nimmer auf, jetzt wird an ganzen Weg gstritten, und im Theater drin wird gstritten, und die halberte Nacht hernach wird aa noch gstritten! Aber das sag ich dir, auf a solches Vergnügen verzicht i von vornherein. Da bleib i lieber daheim, und du gehst allein ins Theater.

Der Mann: Wie kann ich denn mit zwei Billetten allein ins Theater gehn?

Die Frau *weint und setzt sich:* Ich kann doch schließlich nichts dafür, wenn mir wer zwei Billetten schenkt.

Der Mann: Auf das hab ich gwart, marsch! Vorwärts ins Theater!

Die Frau: Ich hab mich so aufgregt, du weißt, ich kann die Anschreierei nicht vertragen, ich will nicht mehr fortgehn, und ich kann nicht mehr fortgehn; meinetwegen gehst ins Theater, mit wem du magst! Ich zieh mich jetzt aus und geh ins Bett, ich hab soviel Kopfweh kriegt, jetzt –

Der Mann: Dann nimmst a Kopfwehpulver! *Er gibt es ihr.*

Die Frau: Da brauch ich dich net dazu, geh hin, wos d' magst, i geh ins Bett. *Sie schluckt die Arznei und geht ab.*

Der Mann: Halt, hast as schon runtergschluckt? Schluck's rauf!

Die Frau: Hast mir was Falsches gebn?

Der Mann: Weils d' aber auch alles nunterfrißt!

Die Frau: Red, was hast mir denn gebn?

Der Mann: Leopillen zum Abführen.

Die Frau: Da hast ja jetzt was Saubers angstellt, des sind ja Leo-Laxierpillen! Da steht's: Prompte Wirkung binnen einer Stunde! Jetzt is's halb acht Uhr, da sitz ma dann grad im Theater um halb neun Uhr, und da geht's dann los.

Der Mann: Um halb acht Uhr geht's los.

Der Mann: Ich mein ja bei mir; aber dann genga ma halt jetzt, vielleicht sind wir bis dahin wieder daheim. Ich möcht bloß wissen, ob's bei andere Leut auch so zugeht, wenn s' fortgehn, wie bei uns.

Der Mann: Genauso!

Die Frau: So kann's ja gar nirgends zugehn!

DER MANN: De sagn s' bloß net. Also gehn ma.

DIE FRAU: Und gschlampert bist wieder anzogn, des kann ma dir nimmer abgwöhna, ja, was hast denn du für a Hemd an?

DER MANN: A Herrnhemd.

DIE FRAU: Mit dem Hemd wirst doch net ins Theater gehn wolln, das ist ja dein ältestes, das hast ja schon vierzehn Tag an.

DER MANN: Des sieht ma doch net!

DIE FRAU: Nein, mit dem Hemd geh ich nicht fort, keinen Schritt, wenn dich da wer sieht, de Leut meinen ja, ich bin a Drecksau.

DER MANN: Des macht ja nichts.

DIE FRAU: Nein – du ziehst jetzt ein anderes Hemd an! *Sie holt eins aus dem Wäscheschrank.*

DER MANN: Aber den Tag werd ich mir merken; nie mehr, nie mehr ins Theater.

DIE FRAU: Komm, ich helf dir! *Er zieht sich aus bis aufs Hemd, im selben Moment kommt die Nachbarin herein. Sie hält eine Tasse in der Hand. Wie sie den ausgezogenen Mann sieht, schreit sie vor Schreck auf und läßt die Tasse fallen.*

DIE FRAU: Warum klopfen S' denn net an, und du stehst nackat da! – Geh ins Schlafzimmer! *Er schlurft ab.* Wir haben keine Zeit, wir gehen ins Theater.

DIE NACHBARIN: Ah, bittschön, a kleins bisserl a Salatöl wenn S' mir leihen könnten.

DIE FRAU: Sie kommen aber immer im ungünstigsten Augenblick daher, allaweil brauchen Sie was anders. *Sie holt die Ölflasche.* Also, wieviel wolln S' denn?

DIE NACHBARIN: A kleins Tröpferl bloß. *Die Frau gibt ihr Öl in die Tasse. Inzwischen ist der Mann wieder hereingekommen. Er trägt seine Hose noch in der Hand und stößt seine Frau an den Ellenbogen, während sie gerade beim Einschenken ist.*

DER MANN: Wo hast denn mei Hemd? *Das Öl rinnt der Frau aufs Kleid.*

DIE FRAU: Jessas, das auch noch, das schöne Kleid, gleich weinen könnt ich.

DIE NACHBARIN: Das ist mir aber peinlich.

DIE FRAU: Da hab ja i nichts davon – das Kleid is kaputt – is guat, daß's bloß a Öl ist, des gibt wenigstens keine Flecken. Langt Ihnen das? Da! *Sie gibt ihr die volle Tasse.*

DIE NACHBARIN: Dankschön – viel Vergnügen. *Sie geht ab.*

DER MANN: Wo ist denn mein Hemd?

DIE FRAU: Da liegt's doch auf dem Stuhl.

DER MANN *hebt das Hemd auf, faltet es auseinander und hebt es hoch. Man sieht, daß es ein Kinderhemd ist:* Jessas, Jessas.

DIE FRAU: Das ist ja an Buam sei Hemd, das ist das einzige, das in der Schublade war, du bist ein gschlamperter Kerl, du weißt ganz genau, daß du bloß zwei Hemden hast – und de reißt immer raus und sagst nichts davon, zieh halt a Brust an – da hast a frische Brust. *Sie gibt ihm ein Gummi-Chemisett.*

DER MANN: Die ist ja zu lang.

DER MANN: Dann reißt du sie ab! *Sie reißt die untere Hälfte des Chemisetts ab.*

DER MANN: Schnell! Halb acht Uhr ist es! *Er zieht sich mit fliegenden Händen an, Chemisett, Krawatte, Uhr fallen dabei herunter, er steckt die Uhr in die Hose, da fällt sie durch das Bein; die Frau gibt ihm Weste, Jackett, Hut, Schirm und dann den Überzieher – er fährt ins Futter und dann mit dem Schirm in den Ärmel; ein fürchterliches Durcheinander entsteht.*

DIE FRAU: Jetzt kommen wir zu spät, jetzt müssen wir mit der Straßenbahn fahren, dann steign mir aber gleich in den vorderen Wagen ein, daß wir früher hinkommen. Halt, den Operngucker haben wir noch nicht, den trägst du. *Sie nimmt ein Opernglas im Futteral aus einer Schublade und reicht es ihm.*

DER MANN *läßt es fallen.* Das ist kaputt.

DIE FRAU: Mir wär's schön gnug. *Sie macht das Etui auf.* Ah, gut, daß keins drin war, das wär hin gwesen. Also, gehn ma jetzt – hast alles, die Schlüssel, die Geldbörse, a Taschentuch, dein Schnupftabak – hast im Schlafzimmer d' Fenster zugmacht, wenn ein Gewitter kommt? *Sie schaut nach.*

DER MANN: Komm, komm!

DIE FRAU: Also mach 's Licht aus und sperr zu!

DER MANN *im Finstern:* Billetten hast du?

DIE FRAU: Nein, die hast du!

DER MANN: Nein, du – wart, mach a Licht.

DIE FRAU: Das waar ja jetzt die Höhe, wen wir jetzt keine Billetten hätten. *Sie schaltet das Licht an und schaut in ihre Tasche.* Ich hab doch mei Tascherl gar net aufgmacht. Da drüben bist gsessen, und da hab ich dir die Billetten in die Hand geben.

DER MANN: Vielleicht hast du s' da rüber. *Er geht an die Kommode und legt seine Hand hin.*

DIE FRAU: Nein – ich weiß es ganz bestimmt. *Sie haut die Schublade zu und zwickt ihm dabei die Finger ein.*

DER MANN: Au – au. *Er weint und lehnt sich an seine Frau.*

DIE FRAU: Ich kann dir nur sagen, daß mir vor dem Theatergehn schon bald graust! Wenn wir nur die Billetten hätten, denn ohne Billetten lassen s' uns ja nicht hinein.

DER MANN: Halt! *Er zieht die Theaterkarten aus der Hosentasche.*

DIE FRAU: Da sind s' ja; jetzt tu ich s' aber gleich in mei Tascherl nei, sonst verlierst sie noch einmal, da schau, da hätt ma gleich draufschaun können, da steht's ja, wann's angeht: Anfang acht Uhr – wer hat jetzt wieder amal recht ghabt – ich – die Frau hat immer recht – da steht's schwarz auf weiß – Anfang acht Uhr.

DER MANN: Ja, stimmt, Anfang acht Uhr. Freitag, den 17. Juli.

DIE FRAU: Wieso Freitag? Heut ist ja erst Donnerstag! *Beide schauen sich entgeistert an.*

Die Erbschaft

Komödie für Bühne und Film

Personen:

Personen:	DER MANN, LORENZ GEIER	*Karl Valentin*
	DIE FRAU, BABETTE GEIER	*Liesl Karlstadt*
	DER HAUSMEISTER JUNIOR	
	DER HAUSMEISTER SENIOR	
	EIN ZWERG	
	EIN GERICHTSBOTE	

Das erste Bild spielt im etwas primitiv eingerichteten Wohnzimmer (alte, häßliche Möbel) der Familie Geier.

HERR GEIER *sitzt mit seiner Gattin beim Morgenkaffee, schimpft und tobt, weil er sich gestern abend am Stammtisch über seinen besten Freund fürchterlich geärgert hat. Zur Frau:* Dem schreib ich aber jetzt einen Brief! – Haben wir Briefbögen zu Hause? Hole einen – auch die Tinte und Federhalter!

Frau Geier: Also, was soll ich schreiben?

Mann: Datum, den soundsovielten...

Frau: Also, ich schreib: »Sehr geehrter Herr«...

Mann: Nix geehrter Herr, geehrter weglassen...

Frau: Na hoaßt 's ja bloß »Sehr Herr«.

Mann: Des is Wurscht – schreib jetzt: »Es ist schon kaum unglaublich, daß Sie sich erdreisteten, einen Freund, wie wir zu Ihnen sind, vielmehr waren, in so einer unverschä...« naa, so können wir net schreibn – nimm an neuen Briefbogen!

Frau: Dieselbe Überschrift?

Mann: Ja – schreib: »Wenn Sie mir binnen – wenn Sie mir binnen –«, hast du's geschriebn?

Frau: Ja –

Mann: Naa- so können wir auch net schreibn, »binnen« ist eine ganz alte Schreibart. – Nimm an neuen Briefbogen! – Hast'n? Schreib: Nix, gar keine Überschrift. – »Hinsichtlich Ihres gegen uns erzeugten Benehmens Ihrerseits, wo es sich um Familieneinmischungsdifferenzen handelte – handelten, werden Sie zukünftigerseits gegenseitiges Erachtens – Intriguen ignoriert – keinesfalls –«, naa, da kennt er sich net aus – nimm an neuen Briefbogen!

Frau: Ja mei, mir ham fei bloß mehr a paar Dutzend Briefbogen daheim.

Mann: Die reichen schon – schreib! »Glauben denn Sie, Sie hundsgemeiner Sauhund, daß Sie...«

Frau: Um Himmels willen, Lorenz, so dürfen wir ihm net schreibn, der verklagt dich ja sofort wegen Beleidigung!

Mann: Stimmt – ja – des ist etwas zu derb – nimm an neuen Briefbogen!

Frau: Des is jetzt schon der fünfte Briefbogen, den mir wegen dem Dreckkerl verpatzt ham –

Mann: No, no, no, Babette, tu dich etwas mäßigen in deinen Ausdrücken, schließlich sind wir ja bessere Leute! – Wir müssen ihm so schreiben, daß er sich sagt: Nach dem Brief nach zu schließen, können das keine gewöhnlichen Menschen sein.

Frau: Ja – ganz richtig! Schöne Zeilen sollen wir ihm servieren, denn schließlich war er ja doch dein ehemaliger Freund, und du hast schon schöne Stunden mit ihm verlebt.

MANN *in weinerlichem Ton:* Ja, o mei, da derf i gar net drandenken, da könnt i glei weinen...

FRAU: Na, na, Lorenz, vergiß dich nicht!!!

MANN: Schreib: »Mein lieber, guter, alter Freund! Die Wunde, die mir das so jäh zerrissene Freundschaftsband, welches sich einst um uns geschlungen hat, verursacht hat, blutet heute noch. Auch Du, lieber alter Freund, wirst es nie vergessen, als wir in lauer Sommernacht im Hofbräuhauskeller unter duftenden Kastanienbäumen unsere Maßen schlürften und wir dann in der Sternennacht schwer beladen, aber selig, heimtorkelten. Ein Strauß himmelblauer Vergißmeinnicht sollen das Zeichen unserer Freundschaft wieder...« Halt, halt, halt, naa, naa, nix, ja des waar ja der reinste Liebesbrief!

FRAU: Ja, des hab ich mir auch grad denkt!

MANN: Zerreiß sofort den Schmarrn!

FRAU *zerreißt den Brief:* Jetzt wird's aber bald Zeit, daß du dich entschließt, was wir ihm eigentlich schreibn. Ich hab ja noch a andere Arbeit auch.

MANN: Jetzt weiß ich, was ich ihm schreib: – kurz und bündig! Nimm an neuen Briefbogen und schreib: »Geehrter Herr! Ich beschließe nun mein Schreiben und erachte die ganze Angelegenheit für erledigt. Hochachtungsvoll! Lorenz und Babette Geier.«

Es läutet – die Frau öffnet.

DER BOTE *gibt einen Brief ab vom Nachlaßgericht und bittet um Empfangsbestätigung. Ab.*

FRAU: Da schau her, Lorenz – ein Brief vom Nachlaßamt! – Was wird denn das sein?! *Öffnet den Brief und liest ihrem Mann vor:* »Der Nachlaß der vor längerer Zeit verstorbenen Eheleute Anton und Johanna Heizer, bestehend aus einer Schlafzimmereinrichtung, trifft die gerichtlich festgestellten Erben. Das Mobiliar muß heute noch vom Lagerplatz Bahnhofstr. 25 abgeholt werden.« – A Schlafzimmer ham mir geerbt, juchhu! – ausgerechnet a Schlafzimmer!

MANN: Was?! Ich hab a Nasn! Kannst dich noch erinnern? Vor acht Tagen hab ich zu dir gsagt: Unser Schlafzimmer kann ich nicht mehr anschaun; kaufen wir uns doch ein neues Schlafzimmer! – Und jetzt erben wir eins – das ist ein Schlafzimmer-Zufall!!!

FRAU: Ein seltener Zufall – und des alte verkaufen wir sofort!

MANN: So schnell kannst du die Möbel nicht verkaufen; die müssen ja heut noch aus dem Zimmer, denn die geerbten Möbel müssen heute nachmittag schon geholt werden –

FRAU: Vielleicht kauft s' der Hausmeister?

MANN: Der wird sich hüten – des alte Glump mag der nicht einmal gschenkt! – Geh hinunter zu ihm, hol ihn rauf und sag, wir schenken ihm die ganze Schlafzimmereinrichtung, aber er muß uns dafür vom Lagerhaus die geerbten Möbel herfahren und raufragen.

FRAU *schreit zum Fenster hinunter:* Herr Hausmeister, kommen S' doch zu uns rauf!

HAUSMEISTER JUN. *von der Ferne:* Komm glei!

FRAU: Er kommt gleich rauf. *Spricht eine Minute mit ihrem Mann – Der Hausmeister kommt herein.*

HAUSMEISTER: Was is los, Frau Geier?

Frau und Herr Geier erklären dem Hausmeister umständlich, wo die alten und neuen Möbel hinkommen, bis der Herr Geier ins Geschäft geht und Frau Geier alles allein erklärt. Endlich versteht der junge Hausmeister, daß er Möbel holen soll, und als Lohn bekommt er dafür die alten Schlafzimmermöbel.

HAUSMEISTER: Des alte Glump! Da geben Sie mir zwei Liter Bier, das ist mir lieber, nehmen kann ich das Zeug schon, des soll der Vater heut nachmittag zusammensägen als Brennholz für'n Winter.

FRAU: Des können S' machen, wir brauchen's nimmer, weil wir heut nachmittag schon unsere neue Einrichtung kriegen. Wissen S', ich möcht halt mit der ganzen Arbeit bis am Abend sechs Uhr fertig sein, damit mein Mann a rechte Freud hat, wenn er vom Geschäft heimkommt.

HAUSMEISTER: Ist schon gut, ich komm gleich mit meinem Vater rauf, dann tragen wir die alten Möbel in den Hof nunter, der Vater schlagt dieselben gleich zu Brennholz zusammen, und ich hol mit meinem Freund Toni die Möbel, die Sie geerbt haben. Wo muß ich die holen?

Die Frau gibt ihm den Zettel vom Amtsgericht.

HAUSMEISTER: Ah, Bahnhofstraße 25, Lagerhaus. *Zur Frau:* Und Sie tun, bis wir Möbel bringen, 's Zimmer putzen.

FRAU: Jawohl, so wird's gmacht! *Sie beschäftigt sich mit dem Abnehmen der Bilder von der Wand usw.*

Inzwischen sieht man, wie Herr Geier in irgendeiner Fabrik (Schachtelfabrik oder dergleichen) mit seinen Kameraden von dieser Erbschaft spricht. Herr Geier ist durch die Freude so verwirrt, daß er allerlei verkehrt macht an seiner Arbeitsstätte.

Hierauf erscheinen Hausmeister junior und senior und tragen das ganze alte Mobiliar in den Hof hinunter, und der alte Hausmeister beginnt sofort mit der Zerkleinerung der Möbel. Einstweilen hat der junge Hausmeister den Zweiräderkarren geholt und einen Freund dazu und fährt in die Bahnhofstraße 25, um die neuen Möbel zu holen. – Die Frau putzt inzwischen ihre Wohnung, und in zwei Stunden kommt der Hausmeister jun. mit lachender Miene zur Frau und sagt: Sind schon da!

FRAU: Die Möbel?

HAUSMEISTER: Ja, die Möbel, wir bringen s' gleich – schöne Möbel, da werden S' schaun!

FRAU: I bin neugierig, ich freu mich schon wie ein Kind! *Läuft vor Freude händereibend in der Wohnung auf und ab; gleich darauf kommen die beiden Möbeltransporteure mit den Möbeln und stellen dieselben mitten in das Zimmer und lachen aus Leibeskräften.* Um Gottes willen, was sind denn das für Möbel?

BEIDE: Liliputaner-Möbel!

FRAU *ist einer Ohnmacht nahe:* Raus mit dem Kinderspielzeug! Sofort unsere alten Möbel wieder rauftragen!

HAUSMEISTER: Ja, die sind nimmer da, die hat der Vater schon alle zu Brennholz zerhackt.

Zwischenbild: Im Hofe an der Mauer liegt Brennholz aufgestapelt.

FRAU: Ja um Gottes willen, was wird da mein Mann sagen, wenn der um sechs Uhr heimkommt! Ja, ich bin unschuldig, er hat selber zu mir gsagt: Schenkst gleich die alte Einrichtung her! – So, so, der wird schaun!

Um sechs Uhr kommt der Mann heim. Als er in das Zimmer tritt und seine neue Einrichtung sieht, glaubt er, er ist verzaubert, er kennt sich nicht mehr aus. Bis seine Frau ihm aber erklärt hat, daß die alte Einrichtung nicht mehr existiert, werden ergebnislose Versuche mit dem kleinen Mobiliar gemacht, und als sich der

Mann in das winzige Bett hineinlegt, welches nur einen Meter lang ist, hängen seine Beine einen Meter über das Bett hinaus – eine furchtbar komische Situation!!! Da läutet es draußen, und herein kommt der rechtmäßige Erbe, ein LILIPUTANER, *der dann unter Aufregung erklärt, daß da ein Irrtum vorgefallen sei: er heiße Anton Geier, und auf dem Lagerzettel steht: Alfons Geier. Die Möbel werden wieder abgeholt, und das Ehepaar steht im leeren Zimmer.*

MANN: Siehst du, Babette, hier ist wieder das alte Sprichwort zutreffend: »Man soll nie etwas wegschmeißen, nur – beiseite stellen!«

Der Umzug

Die Bühne zeigt eine Vorstadtstraße. Im Vordergrund eine armselige Bretterhütte mit Tür und zwei schmalen Fenstern. An der linken Ecke des Häuschens ein staubiger Fliederbusch und zwei riesige aufgeblühte Sonnenblumen. Rechts ein Gartenzaun, ein winkeliges Gäßchen mit Schuppen, hinter dem eine Kastanie hervorschaut, aufgehängte Arme-Leute-Wäsche. Vor dem Häuschen ist übereinander der ganze ärmliche Hausrat zusammengestellt.

Bei geschlossenem Vorhang spielt die Musik Morgenstimmung *von Grieg, dazu ertönt Vogelgezwitscher, dann geht der Vorhang auf.*

LIESL KARLSTADT *tritt aus dem Haus, in der Hand einen Blumenstock, den sie abstellt.* Heut sind's grad sechs Jahr, daß ich am Wohnungsamt vorgemerkt bin. Und sooft ich früher in Rosenkranz ganga bin, ins Angerkloster, so oft geh ich jetzt aufs Wohnungsamt. Es ist sozusagen meine zweite Heimat geworden. Es ist zwar immer ein fader Gang da hinauf, und es ist grad gut, daß wenigstens die Herrn Beamten vom Wohnungsamt so nette, freundliche Menschen sind. Der eine gar auf Schalter dreizehn, der sagt jedesmal zu mir: »Schaun S' morgn wieder her!!« und das sagt er so lieb, daß mir jedesmal die Tränen in den Augen stehn, so fürcht ich mich vor dem; 's letzte Mal hat mich der eine Beamte gfragt, ob ich auch wirklich verheiratet bin und ob ich auch wirklich fünf Kinder hab. Er hat's halt gar net recht glauben können, er hat gmeint, ich lüg ihn an. Dann bin ich aber heim und hab s' alle gholt. Mit'n Kinderwagl bin ich glei über d' Stiagn naufgfahrn. Und drobn hab ich s' ihm alle vorgestellt: an Micherl, an Wiggerl, an Sepperl, d' Fanni und d' Walli.

Der hat gschaut, der hat nimmer gsagt: »Sehr angenehm!« Das war ihm schon sehr unangenehm. »So«, hab ich gsagt, »mit dene fünf Kinder, mit mein Mann, mein alten Vatern und der Schwiegermutter, Hund, Katz und Kanari ham mir oan Zimmer. Und manche Großkopferte ham zu zweit, sage und schreibe, sieben bis zehn Zimmer!« Ja, ja, mir sind furchtbar beschränkt – nicht mir selber, sondern mit unserer jetzigen Wohnung. Wohnung kann man da eigentlich nimmer sagn, mir sagn halt so, weil wir bis jetzt noch keinen passenden Ausdruck dafür gefunden ham, wie wir unser Heim nennen könnten. Loschie mögn ma net sagn, weil das ein Fremdwort ist, und Dreckloch, das ist uns zu ordinär. Wir wohnen halt jetzt sechs Jahr in der Vorstadt in der Quellengasse, neben der alten Papierfabrik am Mühlbach. Hausnummer ham ma koane, aber es ist leicht zum finden – wenn S' uns bsuchen wolln, brauchn S' nur in d' Quellenstraß gehn – wo de Kunstmaler allweil umananderhocka – und speziell das Häusl, wo de allweil abmaln – in dem wohna mir. Mir ham ja nie über unser trautes Heim geklagt, aber – wie uns vor drei Jahr das letzte Hochwasser aus'n Zimmer an Fuaßboden rausgschwoabt hat, von da ab war ein weiteres Ausharren unmöglich. Das einzige Schöne, was wir in der Wohnung ham, ist das laufende Wasser – das lauft Tag und Nacht über d' Wänd runter, so feucht ist's in unsrer Burg. Und ein Leben ist drin! Alle acht Tag werden die Schulkinder klassenweise in unsere Wohnung geführt, und der Herr Lehrer erklärt den Kindern bei uns das Leben und Treiben des Hausungeziefers. Drum hat auch der Herr Kommisär von unserm Bezirk gesagt: »Die Wohnung ist nicht mehr geeignet für menschliche Wesen. Sie müssen eine andre Wohnung kriegen«, hat er gsagt, »dafür ist das Wohnungsamt da!« – Wir kriegn aber keine vom Wohnungsamt, sechs Jahr wart ma jetzt drauf. Nacha is uns des z'bunt wordn, und drum ziagn mir heut schwarz um! *Man hört den Kanarienvogel in seinem Bauer zwitschern.* Ja, der Hansi, der singt schon sein Abschiedslied. *Sie nimmt den Hansi aus seinem Bauer und reißt den Zwirnsfaden von seinem Fuß ab.*

Ja, Hansi, jetzt wird's ernst – heut müß ma ausziehn. Mei, Hansi, da wird's dir heut schlecht gehn bei dem Umzug. Da wird's dich umanandaschütteln auf dem Wagen droben, da kriegst ma ja du a Gehirnerschütterung, was mach ma denn da? Halt, i hab's – du bist ja a Vogerl, du brauchst ja net gfahrn werden, du kannst ja hinfliegen, dir sag i jetzt unsere neue Adreß, dann fliegst derweil voraus. Also – Ickstattstraße 42/III links im Rückgebäude. *Sie läßt ihn fliegen.* Weiter links, weiter links – schaug net immer um. Jetzt hätt er sich bald an einen Kamin angstoßn. Ah – der findt scho hin. Jetzt wär's halt recht, wenn der Alte mit'n Karrn scho da wär. Seit drei Stunden wart ich auf ihn. *Sie spricht in die Kulisse.* Was sagn S', Frau Hinterhuber, ich versteh Sie nicht – ja grad sag ich's, jetzt is er noch nicht da – drei Stunden is er jetzt aus – jetzt hab ich die schweren Möbel alle allein runtertragn. Und jetzt wär's Wetter so schön, das ist so notwendig beim Umzug – derf bloß a Schütterer daherkommen, dann derweicht's uns unser ganze Rokokoeinrichtung. Ich kann mir gar nicht denken, wo er so lange bleibt – aber Sie wissen ja, die Mannsbilder – da ist einer wie der andere! Ihnen brauch ich ja nichts zu erzählen, Sie haben ja das gleiche Rindviech wie ich ... jetzt kommt er ja endlich – also, pfüat Gott, Frau Hinterhuber, bleiben S' recht gesund, wenn ma uns nimmer sehn sollten – und bsuchen S' uns amal in der neuen Wohnung. *Die Musik spielt* Mit Standarten *von Blon. Karl Valentin kommt mit dem Wagen, er schiebt ihn ganz langsam.*

LIESL KARLSTADT: Ja, wo warst denn du so lang? Jetzt wennst noch länger ausblieben wärst, wärst noch später kommen. Und so an kleinen Wagen hast gebracht – da bring ma ja unsere Möbel gar net nauf.

KARL VALENTIN: Dann muß ma halt abermals fahren.

L. K.: Und schwitzen tut er – ja, wenn du mit dem leeren Wagen schon schwitzt –

K. V.: Ja, weil der Karren so schwer zum fahren ist.

L. K.: Ah – ein leerer Wagen kann doch net so schwer zum fahren sein – den nimmt man einfach und schiebt ihn. *Sie probiert es, bringt den Wagen aber nicht vom Platz.* Ja, da gehn die Räder ja gar nicht rum, der is ja kaputt.

K. V.: Nein – da. *Er deutet mit dem Zeigefinger auf das Schloß.*

L. K.: Ja, der ist ja abgesperrt!

K. V.: Deshalb war er ja so schwer zum fahren.

L. K.: Ja, sag amal, bist du den ganzen Weg mit dem abgesperrten Wagn gfahrn?

K. V.: Ja – darum war er ja so schwer zum fahren.

L. K.: Da glaub ich schon, daß du so lang gebraucht hast – ja haben dir die Leute keinen Schlüssel mitgeben zum Aufsperren?

K. V.: Natürlich hab ich an Schlüssel. *Er zieht ihn aus der Westentasche.*

L. K.: Da hat er an Schlüssel – ja, warum hast denn nicht aufgesperrt?

K. V.: Der hat gsagt, der Wagen muß immer abgesperrt bleiben, weil er schon amal gestohlen worden ist.

L. K.: Aber unterm Fahrn kann dir doch niemand den Wagen stehlen. *Sie sperrt das Schloß auf.*

K. V.: Sicher ist sicher!

L. K.: Dir könnt man ihn zwar auch unterm Fahren stehlen, so langsam schaust du. *Er steigt über beide Wagengriffe.* Schau nicht lang – und zieh dich aus.

K. V.: Ganz?

L. K.: Nein, mir waar's gnua, dein Mantel und dein Hut sollst runter tun. *Er legt den Hut vorne auf den Wagen, den Mantel hinten zwischen die beiden Griffe.* Ja, da darfst jetzt nichts herlegen, da müssen wir doch Möbel rauflegen. *Er nimmt den Mantel und hängt ihn an den linken Wagengriff. Der Mantel schleift auf der Erde. Er hebt den Wagen auf, da rutscht vorne der Hut hinunter. Er putzt den gleichfalls heruntergefallenen Mantel ab. Sie ruft:* Was is denn?
Er schaut zu ihr hin, haut sich sein Gesicht am Wagengriff an. Er geht vor, legt den Hut auf den schiefstehenden Wagen. Der Hut rutscht immer herunter. Er hebt den Wagen auf und legt den Hut darauf. Dann geht er zu den Wagengriffen zurück. Als er seine Weste ausziehen will, bemerkt er, daß der Mantel wieder auf dem Boden liegt. Er hebt die beiden Wagengriffe auf und balanciert damit. Wir haben doch was Wichtigeres zu tun – laß diese Kindereien, tu den Mantel weg. *Er hält jetzt den Mantel in der Hand.* Da hast an Kleiderbügel. *Sie geht ab. Er hängt den Mantel auf den Bügel. Er weiß nicht, wohin damit, sucht herum und hängt schließlich den Bügel mit dem Mantel auf einen hervorstehen-*

den Pfannengriff. Die mit Geschirr vollbepackte, auf einem hohen Tisch stehende Pfanne fällt herunter.

L. K. *kommt zurück:* Ja natürlich, wenn man dich zu was brauchen könnte. *Beide legen das Geschirr in die Pfanne. Sie stellt die Pfanne wieder an ihren Platz zurück. Er bückt sich um seinen Mantel, stößt beim Aufstehen wieder an den Stiel der Pfanne, das Geschirr fällt wieder herunter. Sie hebt alles wieder auf. Er hat den Bügel mit dem Mantel in der Hand.* Jetzt hat er den Mantel immer noch in der Hand – zieh ihn halt an. *Sie hilft ihm den Mantel anziehen – er hält den Bügel in der Hand, weiß nicht, wohin damit, und steckt ihn in die Manteltasche. Er holt den Blumenstock.* Nein, der kommt später dran! *Er nimmt einen Stuhl und eine Schüssel mit Geschirr und geht damit zum Wagen.* Warum trägst jetzt das Geschirr, du läßt ja doch wieder alles fallen, nimm doch eins nach dem andern. *Er stellt alles zurück, nimmt den Nudelwalker. Als er ihn auf den Wagen legt, kugelt der Nudelwalker herunter, er wiederholt das dreimal.* Das ist ja zum Kotzen mit dir – der muß ja runterrinnen, weil er rund ist.

K. V.: Zum Umziehn bräucht man halt einen viereckigen Nudelwalker.

L. K.: Da legt man einfach was unter, dann bleibt er liegen. *Sie haut ihn fest auf den Wagen. Er legt den Nudelwalker vorsichtig auf den Wagen, holt den Besteckkasten zum Unterlegen – aber der Nudelwalker ist inzwischen auf den Boden gefallen. Er hebt ihn auf.*

L. K.: Mit so einem Glump fangt auch kein Mensch zum Aufladen an, mit so kleinen Dingen schon gleich gar nicht.

K. V.: Es heißt aber: Mit Kleinem fängt man an.

L. K.: Aber nicht beim Umziehn. Da, nimm ein großes Bett-Teil. *Sie legt eines auf den Wagen.*

K. V.: *nimmt auch eines, schlägt damit hinter sich das Geschirr herunter und legt es dann auf den Wagen. Er schaut plötzlich genau hin – nimmt den Nudelwalker und schlägt eine Wanze tot:* Vor de Wanzen hab ich an direkten Abscheu, die mag ich nicht amal streicheln!

L. K.: *holt die Flitspritze und spritzt, während er genau hinschaut:* Geh weg! *Sie spritzt ihm ins Gesicht. Er holt einen Puppenwagen und versucht, ihn auf den Wagen zu stellen.* Wie du nur immer das Verkehrteste erwischen kannst, der Wagen ist doch so klein, das Wägerl hat aber doch Räder, das braucht man doch nur an den Wagen anzuhängen, dann läuft es von selber.

K. V.: Ja, das ist wahr, das soll selber fahren, das ist alt genug.

L. K.: Geh weg, lauf mir nicht immer zwischen den Beinen rum, hol was anders. *Sie hängt das Puppenwägerl an den Handwagen an.* Schau, das ist praktisch – wenn wir dann wegfahren, läuft das Wägerl von selber mit. *Er kommt mit einer Wanduhr, von der lange Gewichte herunterhängen, bleibt an der Wagerlschnur hängen, verwickelt sich mit Ketten, Fäustlingen, Taschenuhrkette und Kleiderbügel – schließlich bleibt er rückwärts am Haken hängen und reißt sich einen Triangel in die Hose.* Du machst ja mehr kaputt, als deine ganze Arbeit wert ist. *Sie beginnt, ihn von seiner Umschnürung zu befreien.*

K. V.: So Sachen halten am meisten auf.

L. K.: Die Uhr legen wir gleich hier in das Wägerl, da ist sie am besten geschont. *Er bringt den Blumenstock. Beide tragen eine Kommode zum Wagen, heben sie hoch und merken im gleichen Augenblick erst, daß an dieser Ecke gerade der Hut liegt.* Jetzt liegt der saudumme Hut gerade da. *Er will ihn wegnehmen, kann aber die Kommode nicht auslassen und versucht, ihn wegzublasen.* Stell die Kommode runter. *Sie stellen die Kommode wieder auf den Boden.* Mußt du den Hut gerade da herlegen, den kannst du doch woanders auch hintun. *Sie legt den Hut hinten zu dem linken Wagengriff. Beide überlegen, wie man jetzt die Kommode nehmen soll, er macht eine krumme Armbewegung von vorne nach hinten, sie meint umgekehrt.* Also, wie du willst, aber andersrum wäre es auch gescheiter gewesen. *Beide heben die Kommode auf, halten sie zu zweit nach vorne, die Schublade mit allem Inhalt fällt heraus. Eine Klosettpapierrolle rollt sich auf, er will sie aufnehmen, sie rollt aber immer weiter auf. Beide heben die Sachen auf, er wirft seine Handschuhe, die aber an einer Schnur um seinen Hals hängen, immer wieder in die Schublade hinein und zieht sie immer wieder heraus. Er hebt eine Frauendusche auf, schaut sie lange an. Sie sieht das, reißt sie ihm rasch aus der Hand und legt sie in die Schublade.*

K. V. *hebt den Kleiderbügel vom Boden auf und fährt ihr damit unter den Rock. Dann hebt er vom Boden einen Zettel auf, liest ihn und lehnt sich an die Kommode:* Da schau her, jetzt ham ma 'n, fünf Jahr lang ham ma gsucht, und jetzt ist er da – Geburtsurkunde 1783, Ururgroßmutter, katholisch – kann uns nichts mehr passieren.

L. K.: Na also – dann heb ihn nur gut auf. *Beide heben die Kommode wieder auf den Wagen, der nach unten kippen will.* Wart, ich hol was zum Unterstellen – aber laß ja nicht aus!

K. V.: An Blumenstock stell unter!

L. K.: Was nehm ich denn gleich? Und du hältst daweil 's Maul – ah, an Wagen. Das Nachtkastl stellen wir unter. *Sie holt es, geht vorn vorbei, verwickelt sich in die Wägerlschnur und reißt das Puppenwägerl um.* Hilf mir doch, da geh her! *Er kann die Kommode auf dem Wagen nicht loslassen. Sie dreht sich um – der Nachttopf mit Inhalt fällt aus dem Nachtkastl.*

K. V. *macht Grimassen, weil er sich geniert:* Das ist eine solche Katástrophé.

L. K.: Katastróphe heißt es. *Sie stellt das Nachtkastl auf den Boden und nimmt den Nachttopf.* Ich bin ja heut zu gar nichts gekommen, mit lauter Einpacken. *Dabei stellt sie den Nachttopf ins Nachtkastl hinein und schiebt das Nachtkastl unter den Wagen.*

K. V. *zwickt sich den Finger ein und schreit:* Eventuell verbinden! *Sie holt einen Wäschekorb, zieht ihn am Boden hinter sich und fordert ihn durch Gebärden auf, ihr dabei zu helfen. Beide gehen im Bogen um die Wagerlschnur herum, wollen den Korb auf den Wagen heben, sehen aber, daß der Hut wieder dort liegt, wo sie den Korb hinstellen wollten. Er nimmt rasch den Hut weg und setzt ihn auf, dabei fällt aus dem Wäschekorb der Boden heraus. Sie jammert und legt die Wäsche wieder in den Korb.*

L. K.: Die schöne Wäsch, hab s' so schön gewaschen und gebügelt. *Er steigt in den Korb hinein.* Gehst glei raus aus dem Korb! *Sie haut ihm die Fäustlinge auf den Kopf – er steigt wieder hinaus, sucht seinen Hut, reißt alle Wäsche raus, um sie gleich darauf wieder in den Korb zu werfen, und findet dabei endlich seinen Hut. Dann heben beide den Korb auf den Wagen. Er bringt den Blumenstock, dann das Aquarium. Im Herbeigehen spritzt er immer Wasser hinaus.* Wer hat denn gesagt, daß du das alte Wasser mitnehmen sollst – wir haben doch schon ein Vierteljahr keine Goldfische mehr. Zum Andenken an unsere Fisch wirst du's doch nicht mitnehmen wollen? Schütt's doch weg!

K. V.: Wenn ma aber wieder neue Fisch kriegn?

L. K.: Dann nehmen wir wieder a neus Wasser!

K. V.: Oder des reinigen lassen!

L. K.: Schütt es doch weg! *Sie lädt alles übrige auf den Wagen. Er schüttet das Wasser in einen Eimer.* Ausgerechnet in den Eimer schütt er's nei, den müssen wir doch auch mitnehmen.

K. V.: Das weiß ich doch nicht. *Er schüttet das Wasser in die danebenstehende Kanne.*

L. K.: Aber ich bitt dich, nicht in die Kanne nein, die müssen wir doch auch mitnehmen. *Er schüttet das Wasser aus der Kanne wieder ins Aquarium zurück.* Jetzt schüttet er's wieder ins Aquarium. Bist denn du vollständig blödsinnig geworden?

K. V.: Ich weiß ja nicht, wohin ich es schütten soll.

L. K.: Wo man halt a Wasser hinschütt – in 'n Kanal hinein.

K. V.: Wo ist denn ein Kanal?

L. K.: Jetzt findet er wieder keinen Kanal – dann saufst es aus!

K. V. *trinkt das Aquarium leer:* Ex! *Er bringt wieder den Blumenstock.*

L. K.: Nein, der kommt zuletzt. Weißt was, wir müssen das Ganze auch noch verschnüren, sonst könnt's sein, daß wir etwas verlieren. Hast einen Strick?

K. V. *nimmt einen Wollfaden, umwickelt alles, auch die Frau, die vor dem Korb steht:* Ich weiß net, der Schnur traue ich net recht.

Sie hat alles aufgeladen, aber den Helm am Boden liegen lassen. Er hebt ihn auf, will ihn zuerst auf den Wagen legen, setzt ihn aber dann auf.

L. K. *hat das Zuberwaschtischerl hinten verschwinden lassen und das Hirschgeweih in den Korb beim Bett gesteckt:* Weißt, was mir abgeht, unser Keilpolstermatratze – wo is denn die hinkommen? Bei der Kommode ist sie doch vorher gelegen –

K. V.: Da drüben ist sie.

L. K.: Ja wie kommt denn die da nüber – hast du sie da nübergschmissn?

K. V.: Ich hab s' ja gar nicht angrührt.

L. K.: Von allein kann sie doch nicht da nüberlaufen!

K. V.: Die schon! *Er legt sie auf den Wagen – dann geht er zu den*

Griffen. Noch unpraktischer hättst das Geweih wirklich nicht hinlegen können, da schau – direkt in d' Nasn stoß ich mir's nei. *Er tut es weg und setzt es sich auf.* Schau, wie a Bock!

L. K.: Bei dir hat's sich schon ausgebockelt!

Er holt den Blumenstock.

L. K. *schlägt ihm denselben auf den Kopf und schreit:* Laß mir doch amal mit dem Blumenstock mei Ruah! *Er taumelt hin und her.* Geh, sei net gar so empfindlich!

K. V. *steckt die Blume ins Knopfloch und schickt sich an, wegzufahren:* Auweh, müß ma alles wieder runtertun – ich seh ja nicht drüber – ich fahr ja ins Ungewisse – alles muaß wieder runter.

L. K.: Um Gottes willen, ich bin froh, daß wir alles droben haben –

K. V.: Ich seh doch kei Straßenbahn – *Er nimmt plötzlich das Hockerl vom Wagen und stellt sich darauf.* Jetzt – da – man muß nur denken können, jetzt seh ich alles.

L. K.: Ja – aber wie ist das unterm Fahrn?

K. V.: Jaso – das ging schon, aber des geht nicht, die Wagengriff gehörn darauf – das ist auch nichts. *Er steigt hinunter.*

L. K.: Du weißt dir schon gar nicht zu helfen, jetzt schaust so blöd aus und bist doch noch so saudumm. – Halt! – Wir müssen ja gar nicht so nüberfahrn, wir wohnen ja da drüben, wir müssen so nüberfahren, dann brauchst doch den Wagen nicht schieben, sondern ziehen.

K. V.: Man sagt ja sowieso umziehen, nicht umschieben.

L. K.: Jetzt wird's ernst – schau dir's Häusl noch amal an!

K. V.: Ich kann's nicht mehr anschaun. *Er weint. Beide singen:*

So leb denn wohl, du stilles Haus.
Wir ziehn betrübt von dir hinaus,
Wir wollten nicht, doch muß es sein,
Denn morgen reißt man dich schon ein.
Wir wollten nicht, doch es muß sein,
Denn morgen reißt man dich schon ein.

L. K. *singt einige Male allein:*

Wir wollten nicht, doch muß es sein –

K. V. *hört ihr zu, geht um sie herum und schlägt ihr die Fäustlinge auf den Kopf:* Hör auf, so oft reißen sie's nicht ein.

L. K.: Also, ich nimm das kleine Wagerl und fahr voraus, und du brauchst bloß hinten nachfahren, dann findest schon hin! *Sie fährt weg.*

Er hebt den Wagen bei den Griffen auf, und alles fällt hinunter. Man hört ein ungeheures Getöse. Er steht entgeistert da. Sie kommt weinend herein. Er will sie kniend um Verzeihung bitten, aber sie haut ihm den Haussegen auf den Kopf, daß er den Rahmen auf den Schultern hat. Er nimmt ihn weg und schaut sich selber wie ein Bild an.

L. K.: Wenn man nur dich was tun läßt! *Sie weint.* Die schöne Einrichtung! *Sie setzt sich erschöpft auf den Wäschekorb und fällt hinein, daß ihre Füße in die Höhe stehen.*

K. V. *legt den Helm auf das Nachtkastl und stützt sich mit flacher Hand auf die Helmspitze. Er schreit auf:* Au!

L. K. *sitzt am Korb und jammert:* Des Unglück! Des Unglück!

K. V.: Das ist kein Unglück, das ist ein Glück.

L. K.: Wieso ist des a Glück?

K. V.: Weil, wenn net alles nuntergefallen wär, hätten wir unser Nachtkastl vergessen.

L. K.: Stimmt, da hab ich gar nicht mehr daran gedacht. Ja, das Jammern hat überhaupt keinen Wert, da müssen wir halt jetzt von vorn anfangen. Wo ist denn der Wagen? *Er zieht den Wagen heran.* Also beeil dich – zieh dich aus.

K. V.: Ganz?

L. K.: Nein, den Mantel und dein Hut sollst runtertun. *Er legt den Hut auf den Wagen und dazu den Mantel.*

L. K.: Ja, da darfst nichts nauflegen, da kommen doch die Möbel nauf. *Er hängt den Mantel an den linken Wagengriff, hebt dann den Wagen auf und putzt den heruntergefallenen Mantel ab.*

L. K.: Was is denn?

Er haut sich das Gesicht am Wagengriff an, und der ganze Umzug geht nun wieder von vorne an.

Damit das Publikum nicht zweimal dasselbe sieht, wird langsam abgeblendet.

Der Herr Friedensengel

Ein philosophisches Zwiegespräch

KARL VALENTIN: Du, jetzt muß ich dumm fragen!

LIESL KARLSTADT: Du hast noch nie anders gefragt!

K. V.: Ist der Friedensengel eigentlich männlichen oder weiblichen Geschlechts? – Ich glaub, das ist ein Mann, weil man sagt: der Friedensengel.

L. K.: Natürlich ist er männlich, weil man der Friedensengel sagt; wie der Friedensengel jung war, war es das Friedensengelein.

K. V.: Wie heißt denn der Friedensengel?

L. K.: Ein Engel hat doch keinen Namen.

K. V.: Freilich! Der Engel mit dem Schwert, der als Portier das Paradies bewacht, hat doch Gabriel geheißen.

L. K.: Ja, stimmt!

K. V.: Der alte Engel vor dem Himmelstor, mit dem Schlüssel, hat doch auch einen Namen, der heißt Petrus; dann muß doch der Friedensengel auch einen Namen haben.

L. K.: Stimmt! Wer könnt jetzt dös wissn? Vielleicht der Papst?

K. V.: Da is mir überhaupts vieles nicht klar, mit dem Friedensengel.

L. K.: Wieso?

K. V.: Dem Friedensengel sein himmlisches Geschäft ist nur: Frieden zu stiften.

L. K.: Ja – deshalb heißt er ja Friedensengel. Das Gegenteil von ihm ist der Mars.

K. V.: Ist das auch ein Engel?

L. K.: Nein, das ist ein Gott – der Kriegsgott; der stiftet Krieg.

K. V.: Darf er das tun?

L. K.: Wahrscheinlich!

K. V.: Ist der auch im Himmel?

L. K.: Freilich! Jeder Gott ist im Himmel.

K. V.: Ja, gibt's denn mehrere Gotte?

L. K.: Natürlich, die Götter.

K. V.: Jetzt kenn i mich gar nimmer aus! – Der Kriegsgott und der Friedensengel, die sind alle im Himmel beisammen?

L. K.: Klar!

K. V.: Ja, aber der Kriegsgott, das is doch der, der die Welt immer ins Unglück treibt, mit seinen blutigen Kriegen – der ghört doch, nach meiner Ansicht, in d' Höll nunter, denn das ist doch ein teuflisches Werk, das er betreibt.

L. K.: Dös weiß ich selber nicht! Es kann auch sein, daß der in der Höll drunt is.

K. V.: Ausgschlossn! In der Höll drunt kann doch kein Gott sein!

L. K.: Ja mei, irgendwo wird er schon sein! – Jetzt fallts mir ein, der wohnt ja am Mars.

K. V.: Wo?

L. K.: Am Mars.

K. V.: Ah – das is der mit dem Raupenhelm und dera spitzigen Lanzn, und der Friedensengel hat einen Palmzweig in der Hand.

L. K.: Ja, die Friedenspalme.

K. V.: Was tut nacha der Friedensengel mit der Friedenspalme?

L. K.: Die schwenkt er, so wie man eine Fahne schwenkt. Und dazu singt er dann: »Friede auf Erden und den Menschen ein Wohlgefallen«.

K. V.: Wann singt er denn das?

L. K.: Nur bei Kriegszeiten!

K. V.: Dann singt er jetzt schon drei Jahr lang «Friede auf Erden und den Menschen ein Wohlgefallen«.

L. K.: Natürlich!

K. V.: Wie lang muaß er denn dös no singa?

L. K.: Bis Friede is!

K. V.: Wann is denn Frieden?

L. K.: Ja! – Das wissen die Götter!

K. V.: Jetzt san ma schon wieder bei die Götter. – Du hast doch grad gsagt, der einzige, der den Frieden stiftet, ist der Friedensengel.

L. K.: Mein Gott, du stellst aber auch Fragen, die kein Mensch beantworten kann.

K. V.: Ja, aber gerade die Fragen will ich endlich beantwortet haben. – Ich will auch endlich einmal wissen, wo der Friedensengel umeinanderfliegt, wenn er das Lied singt: »Friede auf Erden und den Menschen ein Wohlgefallen«.

L. K.: Frag doch net so kindisch! Der fliegt doch net in der Luft umher.

K. V.: Nicht? – Ja, für was hat er denn nacha zwei so große goldene Flügel?

L. K.: Ja, als Engel muß er doch Flügel haben – der kann doch net in den Wolken drin z' Fuß gehn – da bleibat er ja stecken.

K. V.: Ja, singt er denn das Lied vom Friede auf Erden usw. in den Wolken drin?

L. K.: Natürlich!

K. V.: Wenn aber ein wolkenloser Himmel is? Oder eine mondhelle Nacht?

L. K.: Ja – da traut sich der Friedensengel heutzutage nicht mehr über der Erdkugel herumzufliegen – wegen der Flak und den großen Bombern.

K. V.: Ja, auf einen göttlichen Friedensengel darf doch niemand schießen!

L. K.: Ja mei, mir habn halt heute den Luftkrieg, und da is es für jeden, der in das Kampfluftgebiet kommt, eine große Gefahr.

K. V.: Ach – da wird sich der Friedensengel nimmer zu uns auf die Erde runterfliegen trauen.

L. K.: Ach Gott, in Friedenszeiten kann er schon wieder herunterfliegen.

K. V.: In Friedenszeiten? Da brauchen wir ihn nicht mehr.

Couplets und Nonsensverse

Romanze in c-Moll oder das Lied vom Sonntag

Es war ein Sonntag hell und klar,
Ein Sonntag wirklich wunderbar,
Der Sonntag war so einzig schön,
Ich hab nicht leicht an schönern gsehn,
Es geht eim wirklich durchs Gemüt,
Wenn man an solchen Sonntag sieht.
Doch dauerte es gar nicht lang,
Weil bald der Abend kam heran,
Stockfinster wurd es um mich her,
Und ich sah keinen Sonntag mehr.

Ein Auto stand an einem Eck
Und fuhr von seinem Platz nicht weg;
Ich tat's betrachten hin und her,
Und wie von Stein war der Chauffeur.
Es roch auch gar nicht nach Benzin,
Ich griff dann mit dem Finger hin.
Da wurd mir erst die Sache klar,
Daß das nur hingemalen war.
Das Auto, das stand immer stad,
's war nur ein großes Wandplakat.

An der elektrischen Straßenbahn,
Da hängt oft hint ein Wagen dran,
Der Wagen, der da hängt daran,
Anhängewagen heißt er dann.

Er hängt daran nur dann und wann
An der elektrischen Straßenbahn.
Doch hängt er einmal nicht daran,
Was auch sehr oft stattfinden kann,
Dann kann es doch nicht anders sein,
Dann fährt der vordre Wagen allein.

Expressionistischer Gesang

Wie die Maler heute malen,
Wie der Dichter heute dicht,
So will ich jetzt humoristeln,
Ob es gut ist oder nicht.

Kanapee glüht Meeresfreiheit,
Lippen blau aus Abendrot,
Stille Nacht in Marmelade,
Edle Kunst, behüt dich Gott.

A – b – c – d – e – f – g – h
I – k – l – m – n – o – p
Q – r – s – t – u – v – w – x
Ypsilon – z – f – f – f (*drei Pfiffe*)

La la la la la la la la
La la la la la la li
Li li li li li li li li
Li li li li li li la.

In der Nacht die Sterne funkeln,
Und der Rundfunk funkelt auch,
Funkeln tun auch die Karfunkeln
Und ein funkelnagelneuer Anzug auch.

Wer will unter die Soldaten,
Der muß haben ein Gewehr,

Das muß er mit Pulver laden
Und so weiter und so weiter.

Ein Gewitter ist im Anzug,
Dieses leuchtet mir nicht ein,
Ein Gewitter in der Hose,
Das könnt leichter möglich sein.

Leiser Sturmwind heult in Strömen,
Wenn die Katze kikerikiet,
Und der Vater melkt die Enten,
Wenn der Lineburger blüht.

Wenn die Blätter leise klappern
Und das Bächlein fließt bergauf,
Saust das Dampfschiff durch die Wälder,
D' Gmütlichkeit hört sich dann auf.

Wenn die Ringelnatter ringelt,
Und die Fischlein gehn zu Fuß,
Hört! Die Osterglocken pfeifen,
Was sein muß, das muß sein muß.

Hundekuchen frißt die Katze,
Und ein Kompaß singt Tenor,
Und es sinkt der Barometer,
Das kommt jedem spanisch vor.

Wenn die Reblaus rebiglauselt,
Und das Dünnbier ist zu dünn,
Teure Heimat sei gegrüßet,
Mei Vater war a Weanerin.

Sauerkraut ist kein Getränke,
Denunzieren tut ein Schuft,
's beste Flugzeug wär ein Unsinn,
Gäb's im Freien keine Luft.

Ob es heiß ist oder kälter,
Ob es warm ist oder weit,
Ob es kühl ist oder lustig,
Ja, so ändert sich die Zeit.

In Berlin, in Prag und Hamburg,
Auch in Bremen und Bayreuth,
Auch in Salzburg und am Chiemsee,
Und auch in Holzapfelskräut.

Und zum Schlusse muß ich schlusseln,
Nehmet eure Händ in d' Hand,
Schlagt dieselben oft zusammen,
Das wird dann Applaus genannt.

Das futuristische Couplet

Ein Gegenstück zu der modernen Malerei

In Nürnberg kam das Ganze,
Es sind ja mal erst recht,
Doch als es mir ganz falsch war,
Ist es ohnedies zu schlecht.
Mit wessen ich grad dachte,
Von ohne sie berührt,
So sind sie denn von vorne rein
Ganz ohne diszipliert.

Wer allzulange sind ist,
Ob arm, geht sich bei dem,
Das einmal es oft lieber sein,
Drum wird ja ohnedem,
Mitsammen, ja denn so kann,
Bei deinen nicht schon sein,
Sobald man kann es bleiben soll,
Zusammen fein zu sein.

Wenn einmal in der Nase,
Hast manchmal du in Ruh,
Die Plattform in der Tasche hast,
Und treibst in allem zu,
So wittert aus den Mitteln,
In Spanien aus und ab,
Der Blumen Augenbrauen senkt,
Mit Asien und in Trapp.

Chinesisches Couplet

1
Mantsche Mantsche Pantsche Hon kon Tsching Tschang
Kaifu schin sie Pering gigi wai hai wai
Titschi tatschi makka zippi zippi zappi
Guggi dutti suppi Mongolei.
Tingeles Tangeles Hundi Hundi guschdi
Tschinschinati wuschi wuschi tam tam tam
Wanni ko na kimmi, kummi aber nimmi
Kim i, kumm i, aber i kim kam.
Wo wie we wie bobi hopsi tsching tschang
Asi Stasi Wasi Wisi Tschin Tschin Tschin
Taubi Taubi Piepi Piepi sei si indi ändi
Wase bobi widdi midi Lanolin.
China drinna kenna Kinda mi alsamm
Tam – Tam – Tam.
Refrain: Ziggi zam ziggi zam Tschin Tschin wuggi gu
Wassi Wassi tscheng patschi zsching wuh-hu wu.

2
Ni widi tschen lali gan demi detti
La bade schon wette wett wum wum
Goll wudi bum bim wuschi wuschi sitz wetz
Sussi sussi sussi witschi schrumm
So von om runte, giglgilgoggi
Da legst di nieder plim plam plum.

Tutti tutti grossi, heiße Suppi blosi
Rahm o schlecken un on inten rum
Anni wiedi well well tam di diti tam tam
Schlucki schlucki wust gudi dudi gut.
Bier ham mi nimi, sauf ma halt a Wassi
Magi der is lari nachher wirst kaput
Niki nischi waschi schliffi schnack
Wauh, wauh, wauh.
Refrain: Ziggi zam ziggi zam Tschin Tschin wuggi gu
Wassi Wassi tscheng patschi zsching wuh-hu wu.

3
Snekrededeng widi putzpomade Sachti
Boane wecke, tutti frutti wasch, wasch, wasch
Poopi nanni quaste Millen dunsen,
Haferl gocken, Schneckt betzi Gwasch
Ka ko ki ka Kika Keki Wanzi
Magi, Magi, Magi, Magi, Magi, Magi mag i net
Humi wepsi bieni, um halb elfi gimmi
Heidi bobi tschingreding ins bet.
Tsching Tschang Tsching Tschang gibidani busi
Meini lippi xaxixaxixaxixaxixax
Tsching Tschang Tsching Tschang gisidanan fusi
Andigigiolipappi haxi haxi hax
Glaub mich lachen aus weil bin Chinese
Was ist des?
Refrain: Ziggi zam ziggi zam Tschin Tschin wuggi gu
Wassi Wassi tscheng patschi zsching wuh-hu wu.

Wenn ich einmal der Herrgott wär

(*Melodie:* Da streiten sich die Leut herum)

Wenn ich einmal der Herrgott wär,
Mein erstes wäre das,
Ich schüfe alle Kriege ab,
Vorbei wär Streit und Haß.

Doch weil ich nicht der Herrgott bin,
Hab ich auch keine Macht;
Zum ew'gen Frieden kommt es nie,
Weil's immer wieder kracht.

Wenn ich einmal der Herrgott wär,
Mein zweites wäre dies,
Ich schüfe alle Technik ab,
's wär besser, ganz gewiß.
Dann gäb es auch kein Flugzeug mehr,
O Gott! Wie wär das nett!
Und ohne Angst, da gingen wir
Allabendlich ins Bett.

Wenn ich einmal der Herrgott wär,
Ich gäbe in der Welt
Den Menschen alle die Vernunft,
Die scheint's noch vielen fehlt.
Doch weil mir das nicht möglich ist,
Die Sache ist zu dumm,
Drum bringen sich die Menschen mit
Der Zeit noch alle um.

Wenn ich einmal der Herrgott wär,
Ich glaub, ich käm in Wut,
Weil diese Menschheit auf der Welt
Grad tut, was sie gern tut.
Ich schaute nicht mehr lange zu,
Wenn's miteinander raufen;
Ich ließe eine Sintflut los
Und ließ sie all ersaufen.

Ja, lieber Herrgott, tu das doch,
Du hast die Macht in Händen,
Du könntest diesen Wirrwarr doch
Mit einem Schlag beenden.
Die Welt, die du erschaffen hast,
Die sollst auch du regieren!
Wenn du die Menschheit nicht ersäufst,
Dann laß sie halt erfrieren.

Verdrehte Werbe- und Preissprüche

(Lichtbildreklamen)

ALTES ADRESSBUCH
1884 ist wegen Neuanschaffung eines solchen billig abzugeben.
Tausch mit einem Kostkind nicht ausgeschlossen.
Schweizerkäs-Institut Bebrahm und Co.

Für die kommende Reisesaison! Große Auswahl: Reiskoffern, Reißnägel, Reispuder, Reispudding, Reißzeuge, Reiskuchen, Reisbesen, Reißbretter, Abreißkalender usw.
Riess & Reiss, München, Reisingerstr. 2 ⅑.

Schuhwarenhaus »Salamander«, Weinstraße 4. Älteste Schuhfabrik der Erde, gegründet im Jahre 200 vor Christi Geburt. Erster Schuhlieferant der Familie Adam und Eva. Spezialität: Ballschuhe und Wasserstiefeln, Kavalier- und Fleckerlschuhe, einzelne Stiefel nach Maß stets vorrätig. Wunderbares Aroma! Schlittschuhe aus prima Kalbleder für jede Eisbahn passend. Damenschuhabsätze bis zu drei Meter Höhe auf Lager.
Unsere durchsichtigen Schaufenster sind für den allgemeinen Besuch geöffnet – von morgens früh bis Schluß des Geschäftes. Kaufzwang erwünscht!

Gummiabsätze – Zahnbürsten – Christbaumkonfekt – alte Ostereier – gebrauchte Stiegenhäuser – Nordhäuser – alte Gebisse – übriggebliebenen Kartoffelsalat kauft stets zu höchsten Preisen
H. Glump, Tändler.

Europäische »Mittwoch-Zeitung«
erscheint ab Montag nur mehr Dienstag und Freitag mit Ausnahme von Aschermittwoch.
Die Rehdagdion.

Gutes Johannisbrot,
leicht beschädigt, jedes Quantum abzugeben. Solange der Vorrat reicht, werden auch Schlittschuhe vernickelt.

1000000 Mark demjenigen, der mir eine Stelle als Ausgeher oder dergl. verschafft.
Offerten an die Exp.

Am verflossenen Freitag wurde Ecke Marienplatz eine Havanna-Zigarre verloren.
Abzugeben bei E. Weiß, Schwarzstraße 0/4.
Vorsicht!! Nicht einstecken – brennt noch!

Alleinstehende Frau, welche sich endlich einmal niedersetzen will, sucht Sessel oder Stuhl zu kaufen. Foto erwünscht.
Niedelgeigenstr. 1/8.

In schönster Lage Münchens ist ein
Gebrauchtes Tafelklavier
zu verkaufen. Offerte unter 2 17 89 35 38 17 62 58.

Mondfinsternis: Bei der letzten Mondfinsternis war der Andrang zur Bogenhauser Sternwarte so groß, daß sich die Direktion genötigt sah, die Mondfinsternis einige Nächte zu verlängern!

Marmor-Gießerei übernimmt sämtliche Aufträge in Stiegenputzen, Preiselbeereinmachen, eig. Fliegenleimdestillation, Einstudieren von Chorgesängen, Kaminausbrennen.
A. Meier mit Frau & Comp. G.m.b.H., St.-Anna-Fußweg – Trambahn-Haltestelle Eglfing.

Ein herrliches Auto um 5000 Mark. Teilzahlung gestattet.
Anzahlung 4498 Mark. Rest in wöchentlichen Raten von 1 Mark.
Auto-Fabrik.

Ein stehendes Messer,
welches jedenfalls jetzt irgendwo liegt, ging verloren.
Vor dem ehrlichen Finder wird gewarnt!!

Seltene Gelegenheit für Zigarren-Raucher!!
Eine Astra-Zigarette Nr. 6 mit Mundstück
wegen Platzmangel zu verkaufen.
Wird auch einzeln abgegeben.

Besseres Mädchen
(von kinderlosen Eltern) sucht Stellung als Empfangsdame
in einer Hufschmiede.
Sieht mehr auf hohen Lohn als auf schlechte Behandlung.

Wenn Frau Otto Gerber
die bei mir hinterlegten 2 Essiggürkerln
nicht binnen 14 Tagen abholt, wird darüber verfügt.
Frau C. Huber.

Gebildete Dame (sprachkundig) sucht Schlosserei zu kaufen.

Haltet Euere Zimmeröfen sauber!!
Heizt nicht ein!!!

Tüchtige Verbrecher werden ständig gesucht.
Staatsanwaltschaft München.

Toilettenfrau,
die gutbürgerlich kochen kann,
zum Kegelaufsetzen gesucht.
Kaution kann gestellt werden.

Freiwillige Feuerwehr »Olchhausen«
empfiehlt sich bei Bränden aller Art.
Spezialität: Großfeuer und Kaminbrände.
Kostenvoranschläge und Preiskatalog gratis.
Postkarte genügt.

Eine Mundharmonika mit Fußbetrieb
zu kaufen gesucht.
D. Exp.

ZUGEHFRAU,
die auch wieder weggeht, sofort gesucht.
Vorzustellen bei M. Tuker, London,
Feldmochinger Street SE 9587 1/7942.

Nachgelassenes und Unbekanntes

Express

Express heißt schnell – und schnell heißt – mir pressiert es – und wenn es einem pressiert, so hat man es eilig – und »eilig« heißt wieder »geschwind« – und geschwind wollte ich mir in der Nähe des Hauptbahnhofes München vor Abfahrt meines Zuges noch eine Tasse Kaffee kaufen: »Bohnenkaffee«, denn es war ja anno dazumal im Jahre 1937.

An einer Straßenecke schillerte mir ein silbernes Schild entgegen: »Express Kaffee«. Flux hinein – hingesessen – Ober! Schnell eine Tasse Kaffee – aber der Ober hat meinen Ruf, scheint es, nicht gehört, denn im »Express-Kaffee« fauchten, zischten und dampften zwei vernickelte Dampfkessel, die auf dem Büffet standen, die Maschinistinnen, die diese beiden Expressdampfkaffeelokomobilen bedienten, drehten im Wechsel auf und zu, schoben leere Kaffeetassen hin und her, drehten an Rädern herum und ich hätte stundenlang Lust gehabt, zuzuschauen, wenn ich Zeit gehabt hätte. – Meiner Schätzung nach hatte ich den Ober ca. 10 Mal gerufen: »Ober, schnell eine Tasse Kaffee; ich muß zum Zug!« Und ebenso oft erhielt ich das Echo »Sofort, mein Herr!« – Zwei Expressdampfmaschinen und nur ein Ober! So ein Betrieb kann nicht funktionieren – eher zwei Ober und nur ein Expressdampfkessel. – »Ober«, rief ich, »ich habe höchste Zeit« – und endlich stand nun die erwünschte Tasse Kaffee vor mir auf dem Marmortischchen. Aber nun war es zu spät. Den Expresskaffee schnell auf einen Schluck hinunterzuschütten war unmöglich, denn dieser sprudelte noch vor Heissigkeit. – Ich hätte ja nochmal 10 Minuten warten müssen, bis der Expresskaffee trinkhaft gewesen wäre. Ich zappelte vor Nervosität beim Zahlen des nichtgetrunkenen Expresskaffees und nahm mir aber trotzdem noch einige Minuten Zeit, die ich noch übrig hatte, dem Ober zu erklären, daß das kein »Expresskaffeehaus«, sondern ein »Güterzugkaffeehaus« ist. Aber Gottseidank gibt es in München doch noch einige »wirkliche Expresskaffeehäuser«. Um nur eines zu nennen: »Das alte Kaffee Gröber am Viktualienmarkt«; da geht man hinein, – setzt sich nieder und schon kommt eine Kaffeekellnerin mit zwei großen Kannen auf Dich zu – fünf, sechs, leere Kaffeetassen stehen schon auf dem Tisch bereit – und sie fragt Dich: »Hell oder dunkel«, – schüttet Dir die Milch und den Kaffee zugleich in die Tasse, wie Du Dir gewünscht hast und alles das in einer Zeit von wenigen Sekunden. ––– Das ist Tempo!!! – Und auf dem Firmenschild dieses Geschäftes steht nur mit einfachen Buchstaben:

(Kaffee Gröber, gegründet 18..)

[Nachlaß; Juni 1943]

Warum werden die Menschen von Fahrzeugen überfahren?

Tausende von Menschen arbeiten auf der Welt täglich daran, neue Fahrzeuge zu erfinden, die immer schneller auf dem Erdboden dahin rasen. (Weil es ja bekanntlich auf der Welt sehr pressiert.)

Aber es hat den Anschein, daß kein Einziger von diesen gescheiten Menschen einmal daran denkt, ein Fahrzeug zu erfinden, mit welchem kein Mensch mehr überfahren werden kann. Unter Überfahrenwerden verstehe ich jetzt natürlich nur das, was man »Überfahren« heißt. Also: Wenn die – Räder – eines Fahrzeuges, über einen menschlichen Körper darüber weg fahren, und eine Verletzung oder den Tod des Überfahrenen zur Folge haben. Nehmen wir einmal die gefährlichsten Fahrzeuge ins Auge; das vierräder Luxusauto und das Lastauto.

Meine Hauptfrage über dieses weltwichtige Problem ist die: Müssen von einem Fahrzeug die Räder sichtbar sein – und warum –??? Die elektrische Straßenbahn hat, gewitzigt durch traurige Erfahrungen, die Anhängewagen seit ungefähr 8 Jahren mit Verschalbrettern versehen und seit dieser Zeit ist auch nicht einer unter die Räder gekommen, darum – weil eben keiner hinein kommen konnte, da die Verschalbretter fast den Boden streifen. Beim Motorwagen der elektrischen Straßenbahn hat man eine patentierte Fangvorrichtung angebracht, aber nicht zum allgemeinen Vorteil; wenn man auch allerdings nicht unter die Räder kommen kann, so hat man doch das traurige Vergnügen, erdrückt zu werden, wenn das komplizierte Fangnetz nicht funktioniert oder zu spät bedient wird. Nun kommt das Tragikomische: Bei sehr vielen Technikern, Ingenieuren, kurzum Fachleuten habe ich dieses Thema angeschnitten und überall habe ich nur eine Antwort erhalten. Man höre und staune: Wie würde denn das ausschauen, wenn die Räder von jedem Fahrzeug vollständig verdeckt wären und die Karosserien bis zum Boden reichen würden. Also meine Herrschaften. – Nur deshalb vielleicht, weil ein Auto nicht mehr fesch aussehen würde, müssen alljährlich Tausende von Menschen ihr Leben lassen!

Karl Valentin

[»Das Stachelschwein«, Juli 1928, S. 55]

Die Brennessel

Wenn man dieses Wort liest, denkt man sofort an eine Brennessel. Die Brennessel gehört nicht zu den Säugetieren, sondern zu den Pflanzen. Ein uralter Brauch ist, aus Brennesseln Tee zu bereiten, den sogenannten Brennesseltee, welcher auch zum Trinken verwendet wird. Heute verwendet man die Brennessel zum Lesen. Früher wuchs die Brennessel, heute erscheint sie (im Verlag Eber, München–Berlin). Die Heilwirkung des Brennesseltees ist natürlich nur vom Kochen der Pflanze Brennessel zu erwarten, nicht von der Zeitung Brennessel. Nicht die Damen, sondern richtige Gänse essen die Brennessel sehr gern und erblicken in dieser einen Leckerbissen. Ob sich die Gänse beim Fressen von Brennesseln Zunge, Schlund, Magen, Gedärme und Gansloch verbrennen, ist noch nicht erwiesen. Die Rose hat Dornen und sticht, die Brennessel dagegen brennt auch trotzdem: Hätte die Rose keine Dornen, könnte sie nicht stechen; was sind das für botanische Widersprüche! Aus Brennesselfasern hat man schon Stoffe erzeugt und Damenreizwäsche für die Damenwelt fabriziert. Symbolisch wirkt die Brennessel – wenn man schon einen Künstler mit Lorbeerkränzen ehrt, müßte man eigentlich einen Feuerwehrmann bei seinem Feuerwehrjubiläum mit einem Kranz aus Brennesseln ehren. Ich selbst habe die Brennessel als Mittel gegen Diebstahl angewendet. Folgendes gebe ich kund: Ich habe in der Nähe der Stadt ein kleines Landhaus, drumrum einen großen Riesenblumengarten mit allen erdenklichen, wunderbaren Blumen, welche nicht künstlich, sondern wirklich sind. Mein Garten steht in farbiger Pracht. Aber weil die Blumen so schön waren, haben mir die Menschen immer wieder Blumen abgerissen. Nun kam mir die glückliche Idee: ich pflanzte keine Blumen mehr, sondern nur mehr Brennesseln. Die Pracht ist zwar verschwunden, aber die Stehlerei hat ein Ende genommen. Daß ich mir duch diese Erwägung die Mißgunst sämtlicher Blumengärtner zugezogen habe, weiß ich; aber ich habe die Polizei (Abteilung Blumendiebstähle) entlastet. Und das ist eine gute Tat. Sollte ich des Anblicks der Brennesseln überdrüssig werden, pflanze ich Disteln, und an Stelle meiner wachsamen Hunde kommen Igel in meinen Garten, dazu noch Stachelbeersträucher, und statt der Legbüchsen lasse ich ständig die Dunggrube von meinem Anwesen offen. Was sollte dann noch in meinem Garten gestohlen werden können? Mir können alle Diebe gestohlen werden. Im übrigen will ich meine Ruhe und meine Brennessel haben; denn wie sagt der Dichter?: »Kein Schnee und kein Eisen kann brennen so heiß, wie brennende Nessel und indischer Reis.« Hiermit wäre alles Notwendige gesagt.

[Aus: »Die Brennessel«, 7. Jg. Folge 6 v. 9. Februar 1937, S. 63. »Die Brennessel« war ein satirisches Blatt der NSDAP. Erhebliche Abweichungen der Textfassung – besonders am Schluß – gegenüber der Fassung in »Karl Valentin. Gesammelte Werke in einem Band«, S. 640]

Kriegs-Erklärung

»Solange es Menschen gibt, wird es Kriege geben!« Wenn schon, --- dann wenigstens keine blutigen Kriege mehr! --- Fort mit Bomben und Granaten!!!!

Nehmen wir einen kommenden Krieg an z. B. zwischen diesem Land und jenem Land – geführt nach der neuen Methode: Ein langes dickes Drahtseil in Länge von 1000 Metern -- wird nach der Kriegserklärung – halb ins eine – halb ins andere Flachland gelegt.

Hierauf werden von den beiden kriegführenden Parteien, sagen wir je 1000 der stärksten Sportsmänner ausgesucht. Die beiden Generalstäbe stehen auf der Schiedsrichtertribüne und geben durch ein Zeichen den Beginn des kriegerischen Tauziehens bekannt.

Keine Blutstropfen --- nur Schweißtropfen --- werden bei diesem Kriege fließen!!!

Und hat nun eine feindliche Partei ihren Gegner in ihr Land gezogen, so hat dieselbe 1000 Gefangene gemacht und somit den Krieg gewonnen. Der besiegte Gegner zahlt die Auslösungssumme (je nach Übereinkommen) für seine Gefangenen. Gesunde – frohe Menschen kehren vom Kriege heim....! Also --- macht aus den kommenden Kriegen große Sportfeste zum Heile der ganzen Menschheit!

[»Die Brennessel«, 7. Jg. Folge 2 / 12. Jänner 1937.]

Ihr Kampf

V. Na Frau Braun, wie gehts Ihnen denn?

B. Schlecht.

V. Stimmt was nicht?

B. Stimmen? Sie wissen doch meine unglückliche Ehe – 12 Jahre lang hat mich dieser Schuft an der Nase herumgeführt und jetzt steh ich da mit meinem Haufen Kindern – betr[o]gen und verlassen.

V. Ich verstehe nur das eine nicht, da Sie diesem Schwindler so lange [ihr] Vertrauen geschenkt haben. Sie waren eine reiche Frau und er ein armer Habenichts.

B. Ja das kann ich schon verstehen, weil er mir, wie ich ihn kennen gelernt habe den Himmel versprochen hat und jetzt hab ich die Hölle.

V. War er denn wirklich so gemein?

B. Gemein reicht ja gar nicht. Ich hab doch einen schönen Batzen Geld mit in die Ehe gebracht, das wissen Sie doch.

V. Ja freilich weiss ich das, ich kenn doch Ihre Verhältnisse, ich weiss doch auch wie Sie ihn kennen gelernt haben. Mit seinen schönen Reden hat er Sie überlistet, hypnotisiert könnte man beinahe sagen.

B. Ja nicht nur er allein hat es auf mein Vermögen abgesehen gehabt, seine netten Freunderln dazu.

V. Ich kenn sie alle diese Burschen, aber Frau Braun, ich habe nie den Mut gehabt, Sie zu warnen – Sie haben mich oft erbarmt – wie er Ihnen einen Tausender um den anderen herausgelockt hat zur Gründung einer G.m.b.H. – und Ihr Geld hat er mit seinen Freunderln verjubelt.

B. Er hat ja gar nicht einmal so viel gesoffen und geraucht hat er auch nicht, aber er wollte doch immer hoch hinaus, er hat ja den Grössenwahn gehabt. Autos hat er sich um mein Geld gekauft, Villen hat er gebaut – alles um mein Geld – und mir hat er eine rosige Zukunft versprochen – ja – die hab ich jetzt – jetzt sitz ich da mit meinen Kindern in Not und Elend und kann betteln gehen.

V. Und Sie haben ihn nie zur Rede gestellt, was er eigentlich mit Ihnen vorhat?

B. Zur Rede gestellt? – da hätt ich mir was zu sagen getraut – bei seiner Herrschernatur – ein unrechtes Wort wenn ich nur gesagt hab, dann ist er wie ein Besessener im Zimmer auf und ab gerannt, hat geschäumt vor Wut – einmal hat er in's Tischtuch hineingebissen vor lauter Zorn – und hat mir in der Wohnung alles kurz und klein geschlagen.

V. Und das haben Sie sich bieten lassen?

B. Natürlich – aus Angst und Furcht hab ich alles über mich ergehen lassen. Scheiden lassen wollte ich mich von dem Tyrannen nicht, meinen Kindern zu Liebe.

V. Das war ja ein 12jähriges Hundeleben, was Sie hinter sich haben.

B. Das kann man wohl sagen.

V. Ja haben denn die Nachbarn, wo Sie gewohnt haben, das gewusst, wie es bei Ihnen zugeht?

B. Freilich, ein paar haben ja sogar zu ihm geholfen, aber die letzten Jahre haben auch die von ihm nichts mehr wissen wollen.

V. So – Frau Braun – man könnte an Ihrem normalen Geisteszustand zweifeln dass Sie 12 Jahre all das Schreckliche mit solcher Geduld ertragen haben – Sie sind im wahren Sinne des Wortes eine Märtyrerin.

B. Eine Märtyrerin? Ein Rindviech war ich 12 Jahre lang.

V. Stimmt – aber trösten Sie sich, wie winzig ist e i n Menschenschicksal gegen ein V ö l k e r schicksal.

[Nachlaß]

Der Bruder auf Besuch

(Ort der Handlung: Bürgerliches Wohnzimmer)

Personen:	DER MANN	*Karl Valentin*
	DIE FRAU	*Liesl Karlstadt*
	DER BRUDER LORENZ	...

MANN: (*Im Zimmer auf und ab gehend*) -- ja! Ja! Drei Jahre hab ich meinen Bruder Lorenz nicht mehr gesehen!

FRAU: Na, gestern hast Du gesagt: Mehrere Jahre. – Hast Du ihn nun mehrere Jahre oder nur drei Jahre nicht mehr gesehen? Eins von den zwei beiden, will ich wissen!

MANN: Da musst Du dann sagen: Eines von den *drei* Beiden, wenn es sich um drei Jahre handelt.

FRAU: Na, es is' ja auch egal; jedenfalls freust Du dich, wenn er heute kommt.

MANN: Soll ich mich vielleicht nicht freuen?

FRAU: Freilich sollst Du dich freuen!

MANN: Als Bruder muss ich mich doch freuen!

FRAU: Ja, müssen tust Du nicht! Sollen sollst du dich.

MANN: Was soll ich Sollen?

FRAU: Freuen sollst Du dich, dass Du ihn solange nicht mehr gesehen hast.

MANN: Nein! Über das freue ich mich nicht, sondern über das freue ich mich, dass er heute kommt.

FRAU: Wie wird er denn aussehen?

MANN: Wie wird er aussehen?? Wie halt ein Bruder aussieht!

FRAU: Wie ein Bruder aussieht? Unsinn! Es gibt doch viele Millionen Brüder auf der Welt – nicht nur Deinen Bruder.

MANN: Was kümmern mich alle andern Brüder? Ich habe halt nur einen Bruder.

FRAU: (*nimmt die Fotographie v. Lorenz von der Wand und betrachtet dieselbe*) ... sehr ähnlich sieht Dir Dein Bruder eigentlich nicht.

MANN: Doch! –– Er ist doch ein bildschöner Mann.

FRAU: Du auch!

MANN: Klar! – Weil er mir eben ähnlich sieht.

FRAU: Drei Jahre, sagst Du ist Dein Bruder älter als Du?

MANN: Nein! Drei Jahre hab ich ihn nicht mehr gesehen.

FRAU: Na also! – Dann ist er doch um drei Jahre älter geworden in der Zeit, wo Du ihn nicht mehr gesehen hast.

MANN: Stimmt! – Aber ich bin doch noch um drei Jahre älter als er.

FRAU: Wie kommt denn dann das?

MANN: Das weiss ich auch nicht. Ich misch' mich nicht gern in meine eigenen Familienangelegenheiten hinein.

FRAU: (Horcht)
Jetzt kommt jemand. (*beide öffnen die Türe*)
(*wortlos tritt ein Mann in das Zimmer, mit einem riesenlangen Vollbart, buschige Augenbrauen und einem behaarten Kopf wie eine russische Pelzmütze. – Er gleicht schon bald dem Löwenmenschen von Zirkus Barnum und Barley.*)

MANN: (erstaunt) – ... Lorenz!! –– Bist Du es?

LORENZ: Ja!

FRAU: Ja, hat er gesagt! – Er kennt sich also selbst.

MANN: Erkläre uns doch Lorenz, was ist mit Dir geschehen, dass Du soo ausschaust.

LORENZ: Sehr einfach lieber Bruder: Ich bin drei Jahre nicht mehr zum Friseur gegangen und habe mir dadurch viel viel Geld erspart.

MANN UND FRAU: Und was hast Du mit dem ersparten Geld gemacht?

LORENZ: Sehr naheliegend! Zur Sparkasse hab ich es getragen!

FRAU: Aber Lorenz, das ist doch übertriebenes Sparen – so ist das Sparen nicht gemeint! Auch das Sparen muss verstanden sein. – Gehe sofort in die nächste Sparkasse und lasse Dich darüber näher aufklären.

LORENZ: Jawohl, das tue ich! Ich gehe sofort. (*geht ab*)

MANN: (*schreit ihm nach*) Lorenz! – Aber vorher gehst Du zu einem Friseur zum Rasieren und Haarschneiden, sonst fürchten sich die Beamten auf der Sparkasse und meinen, im Zoologischen Garten ist der Orangutan ausgekommen.

[Nachlaß]

Was ich werden wollte!

Artikel für die Welt am Sonntag.

Schon als 10jähriger Knabe, als ich noch sehr jung war, machte mir die kommende Zukunft Berufsgedanken. Mit 7 Jahren schon, als ich noch saudumm war, wollte ich Bleisoldat werden, mit 10 Jahren Robinson, dann folgten lauter eigenartige Berufe wie Kanalräumer mit Wasserstiefel – Feuerwehrmann – Schäfflertanz Reifschwinger – Blitzableitersetzer – Taucher und mit 15 Jahren, ich höre selbst und staune heute noch zurück Frauenarzt. ––– Und was ist aus mir geworden? Volkssänger und stellenloser Filmkomiker!

Karl Valentin.

[Nachlaß]

Komische Berufe

Seidenraupendompteur
Wasserstoffzuschneider
Gewerbescheinheiliger
Nabelbruch-Kontrolleur
Erdbebensammler
Schlafpulverkanonier
Sauerkrautbetrachter
Himbeerinspektor
Schmetterlingsfischer
Vitaminsortierer
Birnbaum-Gymnastiker
Regentropfenzähler
Lampenschirmbeobachter
dreifach.doppel tiefschwarz. Seher
Plattfuss-Statist
Keuchhustenbezähmer
Kirchturmverleiher
Leistenbruchnäherin
Zeitfunkversäumer
Heiterkeitsapostel
Humorservierer
Witzentgegenschleuderer
Unterhaltungsadministrant
Fröhlichkeitsinhaber
Lustbesitzer
Andreas Papp, pensionierter Barfussgänger
Benedikt Whagh, Hundesteuerberater
Josef Nelke, Zuschauer
Korbinian Holzapfel, Passant
Sepp Schwarz, Fussgänger
Karl Mann, Mann ohne Bedeutung
Frau Josefine Gwand, geborene Anzug

[Nachlaß]

Vier komische Briefe

München im Mai 1929.

Münchendenerstenmärzneunzehnhundertneunundzwanzig.

Sehr geehrter Herr lieber Dr. Gürster

Kalte Winterstürme schimmern tagelang durch die eisbeblumten Grossstadtfensterscheiben und mit frostdurchseuchter Faust ergreife ich das Schreibblei um einem aus München geflüchteten treuen Freunde meine jetzige armselige Lage zu bemerken. Amor Fati – ja, ja, nein, nein, und doch ist es so, aber genug von dem, es ist immer das gleiche, ob so oder so – ja, ja es ist schwer, und trotzdem leicht, nicht direkt leicht, ungefähr halbschwer wenn man so sagen darf, warum soll man nicht darfen, es ist unleicht, der miesen Miseere zu entschlüpfen, man steckt eben drinn, und wenn man schon einmal drinn steckt, geht es einem genau so, wie einem, der auch drinn steckt. »Es ist nicht alles Gold was glänzt« – schäme dich, blödes Sprichwort, hast du noch nichts von Mattgold gehört? Und so könnte man stundenlang über die Welt und deren Angehörige kritisieren, wenn das Wörtlein »wenn« nicht wäre. – Warum soll denn aber gerade dieses kleine Wörtlein nicht sein? – Was haben wir alles gegen dieses kleine harmlose Wörtlein »wenn«? – Gibt es nicht viele andere scheusslichererere [!] Wörter in der deutschen Sprache als ausgerechnet dieses kleine »wenn«. Ist nicht z. B. Rotz – Schleim – Rindviech – Hölle – pissen – scheissen – u. s. w. ... .Sind das nicht scheusslichere Worte als »wenn«?. Da sehn Sie, so ist die Welt, das kleine »wenn« will man entfernen, und Rotz – Schleim – Scheisse, lässt man liegen. Ja, lieber Herr Freund, warum haben Sie denn so eilplötzlich München verlassen, ist Ihnen endlich bei uns das Pflaster unter den Füssen zu heiss geworden? Ich kann das nicht begreifen, bei 25 Grad unter Null – Der Stachus Abort ist am 30. Februar Nachmittag 10 Uhr tatol [!] eingefroren, es hatte in dieser Anstalt 25 Grad unter Null – mathematisch berechnet

Abortus	o o
25 Grad unter	o
Summatra	o o o

Ihr
Karl Valentin

München steht vor einer Hungersnot, die meisten Leute haben nur noch Hummermayonaise zu essen.

[Der spätere Diplomat Dr. Eugen Gürster (1895 in Fürth geboren, 1914 in München Abitur) lebte Ende der 20er und Anfang der 30er Jahre als Schriftsteller, Übersetzer und Lektor in Berlin. Nach seiner Emigration (1933–1952) war er im diplomatischen Dienst der BRD tätig. Er starb 1980 in München.]

München, den 22. Dezember 1829 [!]

Mein lieber Herr...

Ein Briefträger brachte mir pflichtgemäss Ihren Papierbrief, den Sie mir von Berlin aus geschickt haben. Es war eine all gemeine Freude für mich allein, als ich denselben in meinen Empfang nahm. Die Briefmarke allein, deren Sammler ich sofort war, löste ich sofort mit einem Brecheisen von dem Kouvert ab, und klebte dieselbe in meine Schmetterlingssammlung, die ich nämlich alle Winter auch für Briefmarken verwende, da es ja im Winter keine lebendigen Schmetterlinge gibt. Als ich das Kouvert (Kuh wert) öffnete, bot sich mir eine beispiellose Freude. Ein Brief von meinem Freunde... bot sich meinen eigenen Blicken. – Unterm Lesen las ich plötzlich weiter, und bemerkte, dass der Brief am Schluss endlich endigte. Hei!!! – Wie freute ich mich, als ich als echter Bayer wieder einmal Berliner Briefpapier – Berliner Buchstaben und Berliner *Kaiser* »Tinte« zu sehen bekam. Ich las den Brief zum zweitenmal, da ich mich nicht mehr erinnern konnte, dass ich den Brief schon einmal gelesen hatte. – Da fing es an zu schneien. Und dichter Schnee lag auf den Dächern der Stadt München, was natürlich mit Ihrem Brief gar nichts zu tun hat. – Aufrichtig gesagt hätte ich mich vielmehr gefreut, Sie hätten mir den Brief mittels Brieftaube übersendet, denn dann hätte ich den Brief erstens schneller bekommen und zweitens hätte ich nach der Briefzustellung die Brieftaube fressen können, was beim Briefträger nicht gut möglich gewesen wäre. –

Sonst nichts Neues, –. Ausser ich und Ihnen sind die Bayern gegenwärtig auf Preussen nicht gut zu sprechen. Sie rüsten zu einem neuen 1866er Krieg. Sollte ich und Sie als Soldat einberufen werden, zu dem Bayrisch = preussischen Feldzug, und wir stehen uns in der Schlacht gegenüber, wird sich ja unsere wahre Freundschaft beweisen, ich schiesse nicht auf Sie – und wenn Sie dann ausrufen »Sie haben mich nicht getroffen« dann rufe ich aus – ... »Hurrah, es lebe mein alter Freund... durch seinen Freund Karl Valentin.

mit Gruß
Karl Valentin

Ausnahmsweise wünsche ich Ihnen ein gutes neues Jahr und fröhliche Weihnachten.

[Der Brief war offensichtlich in derselben Form für verschiedene Adressaten in Berlin gedacht, mit denen Valentin Weihnachts- und Neujahrsgrüße austauschte. In einem handschriftlichen Zusatz der Nachlaßfassung werden genannt: der Schriftsteller Max Herrmann-Neisse (1886–1941), der Kabarettist und Leiter des Kabaretts der Komiker Dr. Hanns Schindler (?–1938) und der Name Steininger (evtl. identisch mit einem Theaterdiener Robert Steininger?).]

Karl Valentin
Telefon 25599

München, den 15. September 1934
Mariannenplatz 4/II

Sehr geehrter Herr Direktor Dörfler
(Volkstheater München)!

Wenn ich mir erlaube, über die gestrige Premiere zu kritisieren, so dürfen Sie es mir ruhig gestatten, mich über meine Eindrücke zu äussern.

Dass gestern abend, in Ihrem fast neuen Volkstheater Theater gespielt wurde, haben Sie eigentlich sich selber zu danken, denn ein Mann, wie Ihr Bruder und Sie und Ihr Herr Papa, wo man Nachmittag noch nicht bestimmt gewusst hat, ob am Abend bestimmt premiert werden kann, haben es fertig gebracht, mit fleissiger Energie und stahlhartem Willen, ein herabgekommenes Theater wieder als Schmuckkästchen zu verwandeln, sogar Oberbürgermeister Fiehler war unter den Gästen zu erblicken, über ihm, im 4. Rang, welcher sich ebenfalls über das famose Spiel gänzlich amüsierte, sass ein alter Schulkamerad von meiner Wenigkeit, dieser freute sich mehr über die 2 Freikarten, als über das Stück selbst, was auch nicht schwer zu verstehen ist, denn er hat selbst schon, genau wie der Hauptmann auf der Bühne, Unterschlagungen gemacht, nur nicht in Dollar, sondern in Mark und Pein.

Ich selbst will ja nicht Kritik ausüben über das Stück, denn dazu bin ich als früherer Schreiner und Getreidehändler nicht berechtigt – aber es war gut – guter hätte es nicht sein sollen, sonst wäre es zu gut gewesen und damit verwöhnt man das anwesende Puplikum im Zuschauerraum, wenn dann das nächstfolgende Stück nicht so gut ist, ich meine überhaupt nicht gut, also ungut, kann man es so leicht nicht mehr gut machen. ...Das einzige was ich auszusetzen habe, war am Schluss der plötzliche Schuss. Obwohl das ganze Puplikum ahnte (ich selbstverständlich auch) dass jetzt der Hauptmann hinausgeht um Selbstmord zu verüben, erschrack es doch furchtbar. Einer alten Dame hinter mir, fiel vor Schreck ihr Gebiss aus der Höhle des Mundes und fiel so unglücklich in die Hände einer neben ihr sitzenden jungen Dame, dass dieselbe meinte es sei ihr eigenes und flugs in den Mund schob; leider bemerkte sie sofort, dass es nicht mehr Platz hatte, da sie ja die ihren drinn hatte. Es wäre nur eine Anregung meinerseits, wenn vor dem Schuss hinter der Bühne ein Herr vor die Rahmbe treten würde und in einer kurzen Ansprache erklären würde, dass das verehrl. Puplikum gefasst sein soll, auf den kommenden Revolverschuss. – Oder könnte man den Schuss nicht weglassen und der Hauptmann soll sich mit Veronal vergiften? Dann könnte sich der Herr diese Erklärung ersparen, denn da kann dann das Puplikum nicht erschrecken und solche unliebsame Vorkommnisse, wie das mit dem Gebiss, wäre ein für allemal aus der Welt geschafft – vor allem aus der Theaterwelt.

Dass Sie im Erfrischungsraum nur Flaschenbier verabreichen, ist ein widerliche Gedanke für einen Münchner, aber wahrscheinlich nicht zu umgehen, da das Anzapfen der Fässer während der Vorstellung zu viel Radau machen würde.

Furchtbare Regiefehler waren in dem Stück wahrzunehmen. – An der Stelle wo der junge Bankier Raaz in einem hochmodernen Zimmer mit Stahlmöbel und Telefon sitzt, hat der junge Mann eine alte Plastron Kravatte, wie sie mein Uhrgrossvater getragen hat, als er das erstemal in die Synagoge gehen durfte. Sie Herr werther Herr Direktor, haben so viel in das neue Theater gesteckt, kaufen Sie dem Raaz eine moderne Kravatte, Modell September 1934, statt Januar 1866. – Dass bei dem Stück viel telefoniert wird ist nicht zu vermeiden (wenn auch nur Schwindel) aber jedenfalls hat gestern das Puplikum dasran Anstoss genommen, dass die Bühnentelefone fertig waren und die neue Telefonzelle im Vorraum des Theaters noch ohne jede Apparatur ist. Wann wird hier endlich Abhilfe geschaffen. – Sonst ist alles herrlich gewesen, besonders das neue Theatermobiliar, die kostbaren Teppiche im Zuschauerraum; schade wenn dieser wunderbare Bodenbelag durch das Puplikum abgenutzt wird. Ich würde an Ihrer Stelle Niemand hinein lassen.

Gruss und Kuss
Ihr Karl Valentin

[In dem Brief an den Regisseur und Direktor des Münchner Volkstheaters, Ferdinand Dörfler (1903–1965), bezieht sich der Theaterbesucher Valentin auf Harald Bratts (geb. 1897) Stück »Die Insel (Der Fall des Hauptmann Rist)«, das 1934 seine Uraufführung erlebte.]

Karl Valentin
Telefon 25599

München, den 16. Dezember 36
Mariannenpl. 4/II

Herrn

Gustav Gründgens,
Preussischer Staatsrat,
Intendant der Staatlichen Schauspiele

Berlin W 8
Oberwallstr. 22

Sehr verehrter Herr Staatsrat Gründgens!
Habe soeben vor 2 Tagen das mir von Ihnen im Jahre 1932 versprochene Bild dankend erhalten. Meine Freude darüber ist riesig gross, 2 Meter lang und 1 Meter breit, ich werde das Bild sofort einrahmen. Nach der Einrahmung werde ich es sofort an eine Zimmerwand hängen, deren ich genug in meiner Wohnung besitze. Dass Ihr Bild einen würdigen Platz in meiner Einzimmerwohnung bekommt, dessen dürfen Sie versichert sein. An dem Platz, der für Ihr Bild bestimmt ist hängt zur Zeit eine Wanduhr, die ich aber sofort entfernen lasse, da ich ja an meiner Armbanduhr jederzeit erkennen kann wieviel Uhr es ist und deshalb die Wanduhr als überflüssig betrachte.

Leider war ich gezwungen Ihr Bild in die Hälfte zu teilen, da ich in meiner Villa die andere Hälfte plaziert habe. Das Ganze ist natürlich jetzt eine halbe Sache. Aber ich spiele solange den Unzufriedenen, bis Sie mir noch ein Bild schicken und zwar ein Bild aus dem Film den ich gesehen habe »Eine Frau ohne Bedeutung« Was Sie in diesem Film zeigen ist die Grenze der Schauspielkunst, was über der Grenze ist, entzieht sich meiner Fachkenntniss. Wenn ein grosser Schauspieler Kränze aus Lorbeerblättern bekommt, müssten Sie Kränze aus den Blättern einer Viktoria regia bekommen.

Ihr
Karl Valentin

[Gustaf Gründgens (1899–1963) arbeitete als Schauspieler seit 1928 in Berlin am Theater und beim Film. Von 1934 bis 1945 leitete er das dortige Staatliche Schauspielhaus. Er war damit einer der einflußreichsten Künstler im offiziellen Kulturbetrieb. In dem genannten Film »Eine Frau ohne Bedeutung« (am 26. 10. 1936 uraufgeführt) spielte Gründgens neben Käthe Dorsch und Friedrich Kayßler unter der Regie von Hans Steinhoff eine der Hauptrollen. 1936 war für Valentin jenes Jahr, in dem er eine nie zuvor und auch nicht mehr später erreichte Zahl von Filmen verwirklichen konnte. Eine Karriere als deutscher Chaplin schien in Aussicht. Doch mit dem von der Zensur wegen »Elendstendenzen« am 21.9.1936 ausgesprochenen Aufführungsverbot für den Film »Die Erbschaft« kündigte sich bereits die stillschweigende Ausgrenzung Valentins aus der Filmgeschichte an.]

Nachwort

Der Blick auf die Texte Karl Valentins wird häufig abgelenkt durch die Wahrnehmung seiner Person, die in ihrer grotesken, spindeldürren Leibhaftigkeit geradezu gespenstisch wirkt. Wie einst bei dem Wiener Possenschreiber Johann Nestroy, bei dem man nach seinem Tode der Auffassung war, daß Nestroy nicht ohne Nestroy gespielt werden könne, so hält sich auch bei seinem Münchner Nachfahren das Vorurteil, Valentin lasse sich nur durch Valentin darstellen. Bei Nestroy bedurfte es erst eines Karl Kraus, um jene Auffassung zu widerlegen und die Sprachartistik des populären Wiener Schauspieler-Dichters zum Verständnis zu bringen. Bei Karl Valentin ist der Versuch, den Autor vom Mimen zu trennen, ungleich schwieriger: einmal wegen der zeitlichen Nähe, sodann wegen der Filme und der Augenzeugen, die sich zumeist als die einzigen Rezipienten wähnen, denen das Phänomen K. V. leibhaftig begreiflich geworden sei. Überdies wird durch eine regionalistische Vereinnahmung, K. V. als bajuwarischer Ur-Komiker, seine Bedeutung für die Geschichte der komischen Literatur eher verdeckt als erhellt. Sicherlich ist es richtig, daß Valentin nicht ohne die Münchner Volkssänger zu denken ist, daß er sich selbst mit unheimlicher Präzision in seine Szenen eingebracht hat. Aber seine Texte, und dies will vorliegende Auswahl nicht zuletzt unter Beweis stellen, sprechen auch für sich, lassen K. V. als einen der bedeutendsten Autoren des Komischen, Grotesken, Witzigen, Absurden und Abstrusen im 20. Jahrhundert erscheinen. K. V. hat postmoderne Sinnzerstäubungen und Dekonstruktionen längst vor der Postmoderne inszeniert.

Die unterschiedlichen Einschätzungen des Schriftstellers, des »Wortstellers« K. V. kommen exemplarisch in zwei Rezensionen zum Ausdruck, die anläßlich des Erscheinens einer Werkausgabe des Piper Verlages im »Spiegel« und in der »FAZ« erschienen sind. Die Urteile der Rezensenten fielen ebenso gegensätzlich aus, wie es die Titel ihrer Besprechungen bereits anzeigen: Dolf Sternbergers »Ein deutscher Klassiker« (FAZ vom 18.4.1970) steht Carl Zuckmayers »Volkssänger, weiter nichts« (DER SPIEGEL Nr. 51/1969) gegenüber. In diesen beiden Rezensionen werden nahezu paradigmatisch all jene Charakterisierungen entwickelt, die bis heute die Diskussion um Valentins Werke und seine künstlerische Bedeutung bestimmen.

Carl Zuckmayer übernimmt im Titel die Selbsteinschätzung Valentins, um dann hinter der Erinnerung an die Person (»So habe ich ihn gekannt«) und an die Wirkung seiner Auftritte die Qualität der Texte fast ganz zu vergessen. Von dieser Position aus verneint Zuckmayer jeden Vergleich mit Nestroy, der die gesamte Literatur zu K. V. wie ein roter Faden durchzieht, und spielt letztlich den Schauspieler gegen den Autor Valentin aus. Sein Urteil lautet daher: »[...] Diese Dialoge und Monologe, Couplets und Kurz-Komödien sind in hohem Maß an die Person des Darstellers, auch seiner Partnerin, gebunden. Man kann sie lesen, aber man kann sie nicht wie einen Nestroy oder Molière, die auch ihre eigenen Hauptdarsteller waren, mit anderer Besetzung nachspielen. Tonfall, Gestik, Physiognomie sind unwiederholbar und versinnlichen die Sprache mit einem Kolorit, von dem heute nur die alten Valentin-Filme und -Sprechplatten einen schwachen Abklatsch reflektieren. Man wird seine Werke lesen, und auch dabei wird man ›Tränen lachen‹ und Unnachahmliches entdecken. Aber die Bilder gehören dazu.«

Dolf Sternberger hält sich dagegen frei von Reminiszenzen und dafür um so genauer an die literarische Qualität der Texte, so daß er das Parodistische bei Valentin herausstellt, dessen Clownsnummern er gleichberechtigt neben denen von Nestroy und sogar von Shakespeare sieht, um schließlich nicht allein den Darsteller, sondern die Einheit von Autor und Akteur zu preisen: »Ich glaube nicht, daß je zuvor ein einzelner Autor und Darsteller eine vergleichbare Zahl von Clowns-Dialogen erfunden hat. Valentin stellt in der Sprach-Clownerie, in der grammatischen und logischen Komik eine ebenso außergewöhnliche Potenz dar wie Chaplin in der pantomimischen. Beide sind weit mehr als bloße Spaßmacher oder Humoristen. Beide sind durch und durch komische Existenzen. Sie sind nicht geniale Komiker, sondern komische Genies. Sie lassen ebendarum eine Wahrheit erscheinen, die alle Normalität übersteigt und des Verstandes spottet. Beide zeigen sich unfähig, die Welt der Verständigen zu verstehen, Charlie mehr aus Unschuld, Valentin mehr aus Eigensinn. Dieser hat durchgängig etwas Obstinates, und wie er sich ins Absurd-Buchstäbliche der Wortbedeutungen verbohrt, hebt er alle Verkehrsüblichkeit der menschlichen Verständigung aus den Angeln.«

Als »deutscher Klassiker« ist K. V. einer der Avantgardisten der

Komik der Moderne, auf deren Problem- und Bewußtseinslage er sich sprachlich eingelassen hat. Dies verdeutlichen u. a. die Vielfalt der literarischen Ausdrucksformen, über die er verfügte (die einzelnen Textbeispiele im vorliegenden Band dürfen als exemplarisch für die jeweiligen Gattungen gelten), sowie die spezifischen Textstrategien, in denen die Befunde der Diskontinuität, der Partialität, des Sinnvakuums oder die Auflösung des Subjekts reflektiert werden. K. V. ist ohne Überschätzung seines Ranges der künstlerischen und literarischen Avantgarde des 20. Jahrhunderts zuzurechnen. Als Avantgardist erwies er sich bei seiner Filmarbeit: Er erkannte als einer der ersten die Bedeutung des neuen Mediums und drehte bereits 1913 seine ersten Filme (Chaplins erster Film hatte 1914 Premiere). Der surrealistische Filmscherz, *Mysterien eines Frisiersalons* (1922/23), zu dem Bert Brecht und K. V. das Drehbuch schrieben, gehört zu den interessantesten Filmexperimenten der deutschen Kinogeschichte. Sein Avantgardismus als Schriftsteller zeigt sich in der subtilen Grammatik seiner komischen Sprachspiele, die Vergleiche mit Lewis Carroll, James Joyce und Eugène Ionesco, aber auch mit Passagen des absurden Theaters Samuel Becketts provoziert haben. Valentin hat aber auch einen direkten Münchner Vorläufer, nämlich Franz von Pocci (1807–1876), der mit seinen Kasperlkomödien, seinem Kasperl Larifari, der vorsätzlich »barbarischen« Komposition der Stücke eine – bezogen auf den Klassizismus und Historismus – alternative Theaterkultur begründete. Die karnevalistischen Kasperliaden leben aus dem Archaismus dieser populären Spielform, haben einen improvisatorischen Grundzug und oftmals einen rebellischen Charakter. Groteske Elemente, die Auflösung der Gattungsgrenzen, die Durchsetzung des Sujets mit antibürgerlichen Affekten und die Entfesselung unbegrenzter Lustigkeit gehören ebenso zu diesem Lachtheater wie die exzessiven Sprachspiele und Wortverdrehungen. Daß Valentin in seiner bescheidenen kleinen Handbibliothek neben einem alten Münchner Telefonbuch auch einen Band mit dadaistischen Gedichten von Kurt Schwitters stehen hatte, was oft mit Verwunderung zur Kenntnis genommen wurde, ist sicherlich kein Zufall (vgl. Valentins Couplet *Expressionistischer Gesang*, 3. Strophe, Alphabet mit drei Pfiffen; Schwitters hat ein »Alphabet von hinten« geschrieben).

Außer als Literatur- und Filmproduzent ist K. V. auch als Sammler historischer Postkarten der Stadt München, als Verfasser parodistisch verfremdeter Reklametexte und als »Museumsdirektor« des »Panoptikums« hervorgetreten. Seine Sammelleidenschaft errichtete archäologisch eine imaginäre Ordnung vergangener Geschichte, die sich in den Stadtbildern vergegenständlicht hat. In den Verfremdungen der parodierten Werbesprache legte er den Mißbrauch des Wortes und den Verdinglichungszusammenhang des modernen Waren-Fetischismus frei. Und in seinem »Panoptikum« stellte er groteske Objekte und grausame Tableaus zur Schau, um den Blick des Betrachters auf dessen eigene Erwartung zurückzulenken. Das »Panoptikum« war ein Museum der Grausamkeit und für den Besucher eine Stätte der Dechiffrierung seiner Irritationen, die er sich durch seinen dressierten Blick eingehandelt hatte. K. V. versteckte sich hinter verschiedenen Masken und lieferte den Mummenschanz der Fotografie aus. Schließlich hat er sich selbst wiederholt zum Kunstwerk, seinen Körper und seine Gesten zu einer lebendigen Plastik stilisiert. Die Idee des Gesamtkunstwerks liegt in einer entstellten und komisch verbohrten und verbogenen Weise seinem karnevalistischen Treiben unausgesprochen zugrunde. An dieser Idee gemessen, sind aber seine Inszenierungen – vom lebendigen Orchestrion bis zur spiraligen Verdrehung von Körper und Sprachsinn – das tragikomische Eingeständnis der Unmöglichkeit, als Künstler noch irgendeine Art von Ordnung und Sinnzusammenhang herstellen zu können.

Die zentrale Kategorie für die Produktionen Valentins ist die der *Multimedialität*, in der das Zusammenspiel der Medien, das Überbieten und Infragestellen eines Mediums durch ein anderes zusammengefaßt ist. In Anlehnung an das literaturwissenschaftliche Konzept der Intertextualitätstheorie, nämlich Texte zu verstehen aus ihrem dialogischen Bezug auf andere Texte, könnte bei K. V. die Bezeichnung »Intermedialität« sogar noch angemessener sein. Jedenfalls definiert sich sein Avantgardismus entschieden durch solche Multi- oder Intermedialität, in der die verschiedenen medialen Formen sich gegenseitig erhellen, steigern, zurücknehmen und dergleichen. Damit verliert jedes Medium seinen singulären Charakter und wird zur Funktion eines anderen. Entscheidend ist bei diesem Geflecht von Ausdrucksformen, daß in den dialogischen Bezügen der Medien eine *implizite* Selbstreflexion abläuft: Dadurch, daß eine

Form auf die andere kritisch verweist, wird deren Leistung und Mangel sichtbar. Der Prozeß der Selbstreflexivität ist eines der wesentlichen Merkmale moderner Kunst. Bei K. V. wird dieser Prozeß erweitert und verschoben auf die Situation der technischen Medien des 20. Jahrhunderts. In der Transgression, der Grenzverschiebung und -übertretung eines Mediums in Richtung auf ein anderes, liegt bereits ein Ansatzpunkt postmodernen Denkens, wie in der kritischen Funktion einer medialen Ausdifferenzierung (als Grenzziehung, der Bestimmung einzelner Formen) ein Anspruch moderner Rationalität verwirklicht ist.

Im allgemeinen Verständnis gilt K. V. eher als ein reflexionsloser Künstler, der ohne große Überlegungen seine skurrilen Texte niedergeschrieben hat. Dagegen sprechen aber viele Tatsachen: Jeden seiner Texte hat er unzählige Male überarbeitet, ganze Textfassungen verworfen, kaum genügte jemals eine erreichte Stufe seinen Ansprüchen, so daß er bei Auftritten und bei Schallplattenaufnahmen im Studio improvisierend wiederum den vorbereiteten Text überspielte. In seinem Nachlaß fanden sich große Alben (10 an der Zahl) mit Rezeptionszeugnissen (Zeitungsausschnitten, Programmheften), durch die er seine eigene Wirkungsgeschichte für die Nachwelt geradezu buchhalterisch dokumentiert hat. Ebenso fanden sich im Nachlaß Mappen mit »Filmideen«, mit Entwürfen zu Texten, zu denen andere Autoren die Anregungen gaben. Dies alles spricht dafür, daß K. V. sehr wohl um seinen Rang und um seine Bedeutung als Pionier wußte (in einer autobiographischen Notiz, auf einem Zettel im Nachlaß, nimmt er für sich die Pionierrolle ausdrücklich in Anspruch), wenngleich er für den Alltag lieber eine gleichgültige Haltung als Maske wählte. Gerade der Nachlaß legt zwingend nahe, daß von dem Bild des naiven Sprachclowns, der wenig Einsichten in sein Tun hatte, Abschied genommen werden muß. Allein seine Literaturparodien und seine vielfältigen Sprachspiele belegen die These, in seinen Texten sei durchaus ein modernes Bewußtsein am Werk. Diese Lesart valentinischer Texte soll mit einigen Hinweisen auf zwei seiner Dialoge, *Am Heuboden* und *Nein*, noch verdeutlicht werden.

Für den Menschen in der Moderne ist u. a. bezeichnend, daß die tradierten Orientierungen und Grundsätze, mögen sie aus der Geschichte, mögen sie aus der Religion stammen, rapide an Bedeutung eingebüßt haben. Der einzelne kann angesichts dieser beschleunigten Entwertung sich für seine Lebensgestaltung nur noch sehr beschränkt auf allgemeinverbindliche Überzeugungen berufen. Er wird deshalb genötigt, wenn er nicht in obskure Ideologien oder fatale Heilslehren fliehen will, für sich mögliche Handlungsanweisungen zu entwerfen, die er selbst billigen kann. Dabei gibt es einen Katalog von ganz elementaren Fragen, und einige solcher Fragen werden in den beiden Dialogen Valentins gestellt.

Im *Heuboden* setzen sich die Dialogpartner, die im Finstern sitzen, damit auseinander, ob sie ihr Sehen sehen, ob sie ihr Schweigen hören können. Es geht also um ganz elementare *sinnliche* Grundorientierungen im Raum und in der Zeit: um die visuelle und die auditive Wahrnehmungsfähigkeit. Das »saudumme« Unterfangen: »Anni, halt dir amal d' Ohrn zua, dann schaug i, ob i di riach«, zielt in seiner Absurdität auf den Punkt, wie unser Hören und Sehen möglich sind (*überhaupt* möglich sind, als transzendentale Frage i. S. Kants), wie diese Wahrnehmungsweisen funktionieren und zur Grundorientierung dienlich sein können angesichts der Tatsache, daß wir unsere Stimme hören, aber unseren Blick nicht sehen können. Aus der stimmlichen Selbstaffektion hat Jean-Paul Sartre (später dann Jacques Derrida in *Die Stimme und das Phänomen*) interessante Schlüsse für die Entstehung des Selbstbewußtseins gezogen.

In dem Dialog *Nein* insistiert der eine Dialogpartner monoton auf der Verneinung, woran alle Fragen des anderen zerschellen und der Dialog in einen Monolog umkippt. Die Negativität ist eine fundamentale Kategorie der Philosophie von Hegel bis zu Adorno und läßt weitreichende Überlegungen zu. Aufschlußreich ist außerdem, daß der Neinsager (vgl. Brechts Schulopern *Der Jasager* und *Der Neinsager*) auf alle familiären, sprachlichen, geschichtlichen Frageinhalte mit »Nein« antwortet. Da Familienbeziehungen oder geschichtliche Sachverhalte aber zur fundamentalen Orientierung zweckdienlich sind, werden diese ihrer Funktion beraubt: bürgerliche Orientierungen werden in der Negation destruiert. Der Neinsager annulliert aber auch jede Verständigung, jedes Verstehen, denn zum hermeneutischen Verfahren gehört das intakte, symmetrische Frage-und-Antwort-Spiel. Der Dialog arbeitet die Unterstellungen (Präsuppositionen) heraus, die in jeder Frage stecken, bis er mit dem Wort »überhaupt« zweimal (»Überhaupt nicht?«; »Ja sagen Sie überhaupt nicht?«) auf transzendentalphilosophische Positionen rekurriert (wie etwas *überhaupt* erkannt werden kann, die Bedingung der Möglichkeit des Erkennens, ist die transzendentale Frage der Erkenntnistheorie bei Kant – und Valentin spricht ja von »kennen«, »glauben«, »wissen« zu Beginn der Szene). Absurditäten (das Nein auf die Frage, wie viele Kinder er habe) und die doppelte Verneinung (bei der Frage nach Zwillingen) gehören zum Ensemble der komischen Vergewisserungen durch Fragen, die in der Negativität erstickt werden.

Diese Vergewisserungen verweisen auf einen bemerkenswerten Kontext der philosophischen Anthropologie. Max Scheler hat in seiner Schrift *Die Stellung des Menschen im Kosmos* (Bern/München ^{8}1975, S. 55) den Menschen, seine Eigenart und seine Freiheit dadurch bestimmt, daß der Mensch durch das »Neinsagenkönnen« ausgezeichnet ist vor anderen Lebewesen (das »Können« verweist wiederum, wie »überhaupt«, auf den transzendentalen Horizont). Scheler schreibt: »Der Mensch ist das Lebewesen, das kraft seines Geistes sich zu seinem Leben, das heftig es durchschauert, prinzipiell *asketisch* – die eigenen Triebimpulse unterdrückend und verdrängend, d.h. ihnen Nahrung durch Wahrnehmungsbilder und Vorstellungen *versagend* – verhalten kann. Mit dem Tiere verglichen, das immer ›Ja‹ zum Wirklichsein sagt – auch da noch, wo es verabscheut und flieht –, ist *der Mensch der ›Neinsagenkönner‹*, der *›Asket des Lebens‹*, der ewige Protestant gegen alle bloße Wirklichkeit.«

Beide Dialoge Valentins werden also bewegt durch die Ausrichtung der Komik auf ganz elementare Verständigungsversuche des Menschen, nämlich durch die Fragen, wie unser Sehen und Hören möglich sind, wie wir unsere Freiheit realisieren, indem wir nein sagen können. Dieser Akt der Verweigerung hat selbstverständlich auch ausgesprochen politische Bedeutung: das Neinsagen ist in der politischen Lyrik als pazifistische Haltung z.B. bei Wolfgang Borchert und Bert Brecht, in der kritischen Gesellschaftstheorie von Herbert Marcuse thematisiert worden. Außerdem wird im Rahmen jener prinzipiellen Verständigungsversuche die Beschäftigung Valentins mit der Sprache, die Funktion seiner Sprachkomik, erst plausibel, der unablässige Umgang mit der Sprache als dem Mittel ursprünglicher Orientierung und Bezugnahme zur Welt einsichtig.

Valentin betreibt keine leeren Sprachspiele, kein Spiel um des Spiels willen, sondern er verwendet die Komik als eine Art kritischer Universalgrammatik, um herauszufinden, was wir wissen, denken und sagen können und was nicht.

Bei K. V. versagt aber das klassische, aristotelische Schema einer zweiwertigen Logik, die einen ausgedrückten Sachverhalt entweder als »wahr« oder als »falsch« beurteilt (tertium non datur: ein Drittes – außer Wahr oder Falsch – gibt es nicht). Die neuere Logik hat unter dem Einfluß der Quantentheorie an die Stelle des »Entweder-Oder« die Komplementarität, das »Sowohl als auch«, gesetzt: ein Sachverhalt kann je nach dem Standpunkt des Betrachters einmal »wahr« und einmal »falsch« sein. Entscheidend ist dabei also die Abhängigkeit des Urteils vom gewählten Standort des Urteilenden (z. B. von den Voraussetzungen eines Experimentes). Diese logische Komplementarität geht auf Niels Bohr zurück.

In neuerer Zeit sind Vorschläge aus der Philosophie gekommen, die Frage nach Wahr und Falsch, jede binäre Logik zu streichen und alle Aussagen, gleichgültig ob wissenschaftliche oder mythische, ob erwiesene oder phantastische, gleichberechtigt erscheinen zu lassen (z. B. Paul Feyerabends Forderung nach einer anarchistischen bzw. dadaistischen Erkenntnistheorie, die jeden Sinn eines methodischen Standards bestreitet). In ihrer Schrift *Rhizom* (Paris 1976) haben Gilles Deleuze und Félix Guattari anhand des Wurzelstockes (= Rhizom) und seiner Knollen und Nebenwurzeln sowie der sich in verschiedene Richtungen entwickelnden Triebe die Metapher für eine Denkweise beschrieben, die nach ›allen Richtungen‹ offen ist, also die »spanischen Stiefel« der Logik abgeworfen hat. Ihr Plädoyer für ein »multiples Denken«, das nicht die Einheit oder die Dualität, sondern die Vielheit, nicht die logische Ausgrenzung, sondern die Bezüglichkeiten, alles mit allem in Beziehung zu setzen, favorisiert, hat auf den ersten Blick einiges mit K. V. und seiner Komik gemeinsam. Allerdings ist Valentin nicht auf der Suche nach dem Multiplen, sondern auf der Spur des Einen, so daß seine rhizomischen, vieldeutigen Sprachspiele nur der Weg zu einem Ziel sind, das er unterwegs immer wieder aus dem Auge verliert. Deshalb beginnt mit jedem Text aufs neue die Spurensuche, die dann wieder abgebrochen wird und an anderer Stelle weitergeführt werden kann.

Vor dem Hintergrund der kurz angedeuteten logischen und wissenschaftskritischen Konzepte lassen sich die Texte Valentins deutlicher wahrnehmen: das Fragmentarische, die kleinen Formen als Reflexion der Brüche und Abbrüche, die panische Vieldeutigkeit und verwirrende Zuordnung von Objekten infolge eigentümlicher Benennungen und Charakterisierungen. Seine Wortstellereien bringen heuristisch das ins Spiel, was in den pluralistischen und methodologisch abstinenten Postulaten einiger neuerer Wissenschaftstheorien durch die Parole »Anything goes« eingefordert wird. Dabei kann nicht vernachlässigt werden, daß K. V. wie Don Quichotte ein bestimmtes sprachlich vermitteltes Bild seiner Wirklichkeit vor Augen hatte, das sich oft plötzlich als Trug, als bloße Windmühle, entpuppte (es bleibt die Frage, wer – ob Don Quichotte oder Sancho Pansa – der eigentliche Realist ist; Kafka hielt Don Quichotte lediglich für eine Erfindung Sanchos). Zumindest legen Valentins bohrendes Fragen und sein Verbohren in Sprachverhalte eindringliches Zeugnis ab vom Ernst seiner Komik, die sich nicht mit einer »fröhlichen Wissenschaft« gemein machen will. Was jenen wissenschaftskritischen Entwürfen das Denkziel bedeutet, das war für K. V. nur das experimentelle Vorspiel zu einer neuen, zu einer analytischen und einer intermedialen Komik. In seinen besten Texten – wie z. B. in *Das Aquarium*, *Am Heuboden*, *Nein*, *Die Fremden* – gelingt ihm der Vorstoß ins Prinzipielle, damit zu den fundamentalen Regeln menschlicher Orientierung, die das Wertvakuum abwenden. So gesehen, mit Blick auf Valentin, ist die Postmoderne eigentlich nur eine logisch verwahrloste Aftermoderne. In der *Orchesterprobe* erledigt K. V. lapidar einen Disput über das Auftauchen eines Radfahrers just zu dem Zeitpunkt, als von einem solchen die Rede ist, indem er dem anderen einfach unterstellt, er habe eben eine andere Weltanschauung.

Valentin hat nicht allein mit der Sprache und ihren Möglichkeiten operiert und jongliert, sondern bei seinen Auftritten auch seinen Körper zeichenhaft verwendet und eingesetzt. Sein ausgesprochen magerer Leib wird grotesk verrenkt und verzerrt und zu einer unvergleichlichen Kunstfigur. Seine dürren Beine drehte er in Spiralbewegungen ineinander (*Sonderling*), in gewölbten Spiegeln dehnte und verkürzte er seine Figur (*Karl Valentin und Liesl Karlstadt auf der Oktoberwiese*), um seine leptosome Konstitution zu verfremden. In *Ich bin ein armer magerer Mann* beklagt er das Los seiner leiblichen Anormalitäten. Die Kategorie der Körperlichkeit weist seine Inszenierungen in die Vorgeschichte der Performance-Richtung moderner Kunst. Die zuweilen akrobatisch anmutenden Verdrehungen seines Körpers setzen die Anatomie außer Kraft und an deren Stelle den künstlich scheinenden Körper, den Automaten. Körper-Szenen werden auch auf Fotographien (etwa K. V. als Loreley, ein Bild von erschütternder Dumpfheit) festgehalten, um so das Porträt eines schieren Körperknäuels zu liefern. Die Magerkeit wird mit sozialen und existentiellen Bedingungen in Zusammenhang gebracht (Armut, Hunger), das Labyrinth der Extremitäten mit der Ungeordnetheit alltäglicher Lebensvollzüge. Was in diesen Körperbildern hervorsticht, beschreibt häufig ganz entsprechend seine Sprache, so, als wollte die verzwickte Grammatik der Sätze die Choreographie seiner Leibbewegungen einholen. Michail Bachtins Analyse des grotesken Körpers in *Literatur und Karneval* läßt sich auch sehr gut an K. V. nachvollziehen (Vergleich mit Gogols *Die Nase*). Nietzsche hatte im *Zarathustra* gegen die »Verächter des Leibes« geschrieben: »Der Leib ist eine große Vernunft, eine Vielheit mit *einem* Sinne, ein Krieg und ein Frieden, eine Herde und ein Hirt.« Bei K. V. begegnet uns dagegen die Unvernunft des Leibes im Widerstreit seiner Extremitäten. Valentin bleibt mit seinem Leib in der Wirklichkeit, stets holt ihn die Schwerkraft in die Erstarrung zurück, so daß sein Leib im Gegensatz zur Sprache letzter Garant für seine unfaßliche Existenz ist. Höhen erklimmt er nur in den Wortspielen, sein Körper bleibt der Erde verhaftet, wobei die Verkrümmungen wie ein trauriges Eingeständnis wirken, daß der Leib keine Höhe hat. Unter diesem Aspekt wird das – futuristische – Motiv des Fliegens besetzt mit dem Wunsch, die Fesselung an die Erde zu überwinden (*Sturzflüge im Zuschauerraum*, *Auf dem Flugfeld*): Valentins Aviatik kennt aber nur den Sturzflug zur Erde, die Gewißheit des Sturzes, nicht den Traum vom Fliegen. Seine latente Erwartungsneurose, unter der er litt, hätte ihm einen solchen Traum ausgetrieben.

Es fällt auf, daß das verbale Erfassen der Dinge bei Valentin oft in Verdrehungen, Verwicklungen und Verschraubungen einmündet. Verschraubtheit als Verschrobenheit hat Ludwig Binswanger in seinem Buch *Drei Formen mißglückten Daseins (Verstiegenheit, Verschrobenheit, Manieriertheit)*, Tübingen 1956, behandelt. Dabei kommt er auf die besondere körperliche Konstitution als Bedingung der Verschrobenheit zu sprechen, sodann auf deren ein Ausdrucksmoment der völligen Andersartigkeit, der gewollten Abwegigkeit. Der Verschrobene steht schief und unangepaßt nicht in, sondern neben seiner Welt.

Häufig enden Valentins Monologe oder Dialoge in einem witz- und pointenlosen Finale (z. B. *Die Uhr von Loewe*), so, als wollte er dem Publikum auf sadistische Weise das Vergnügen an den komischen Gegenständen verderben. Wer verschroben neben seiner Welt steht, kann in dieser kein Ziel, kein Ende finden. Der schwache Schluß läßt kein Telos, keine Auflösung irgendwelcher Art zu. Die Konzentration auf das Finale versagt ebenso wie der Versuch in *Der Naturprofessor*, mit einer Taxonomie, der Einteilung der Naturgegenstände, eine Gliederung und Ordnung zu erreichen. Auch die Alltagsdiskurse bei K. V. (Verkaufsgespräche, Auskünfte sind die vorherrschenden Diskurstypen) gehen ins Leere, wie die vergeblichen Bemühungen des *Buchbinders Wanninger*, dessen Sprache durch den hierarchischen Rang seines Gegenübers festgelegt wird, zeigen.

So bleibt als Fazit festzustellen, daß Valentins Komik unaufhörlich Definitionen und anderen verbalen oder gestischen Verständigungshilfen nachjagt, diese sich aber verflüchtigen, sobald die Sprache sich ihrer bemächtigen will. Aus der Undefiniertheit folgt der ganze Strudel zerebraler Delirien, der seine Texte unaufhörlich um einen imaginären Punkt kreisen läßt.

Helmut Bachmaier

Literaturhinweise

Helmut Bachmaier (Hrsg.), Kurzer Rede langer Sinn. Texte von und über Karl Valentin, München 1990 (Serie Piper Materialien 907)

Michael Glasmeier, Karl Valentin. Der Komiker und die Künste, München / Wien 1987 (Hanser)

Klaus Pemsel, Karl Valentin im Umfeld der Münchner Volkssängerbühnen und Varietés, München 1981 (Unverhau)

Michael Schulte, Karl Valentin. Eine Biographie, Hamburg 1982 (Hoffmann und Campe)

Karl Valentins Filme. Hrsg. v. Michael Schulte und Peter Syr. Mit einem Nachwort v. Helmut Bachmaier, München 1978 (Neuausg. 1989, Serie Piper 996)

Klaus Zeyringer, Die Komik Karl Valentins, Frankfurt a. M. 1984 (Europäische Hochschulschriften Reihe I, 721)

Karl Valentin

Sämtliche Werke in acht Bänden

Herausgegeben auf der Grundlage der Nachlaßbestände des Theatermuseums der Universität zu Köln, des Stadtarchivs und der Stadtbibliothek München sowie des Nachlasses von Liesl Karlstadt von Helmut Bachmaier und Manfred Faust.

Bisher erschienen:

Band 1: Monologe und Soloszenen. Hrsg. von Dieter Wöhrle. 309 Seiten. Leinen
Band 2: Couplets. Hrsg. von Helmut Bachmaier und Stefan Henze. 424 Seiten. Leinen
Band 3: Szenen. Hrsg. von Helmut Bachmaier, Manfred Faust und Stefan Henze. 388 Seiten. Leinen
Band 8: Filme und Filmprojekte. Hrsg. von Helmut Bachmaier und Klaus Fronenbern. 618 Seiten mit 16 Farbtafeln und zahlreichen Schwarzweißabbildugen im Text. Leinen

Band 4: Dialoge. (1996)
Band 5: Stücke. (1997)
Band 6: Briefe. Hrsg. von Gerhard Gönner. 379 Seiten. Leinen
Band 7: Autobiographisches. (1996)

In einer vollständigen und textkritischen Ausgabe bringt der Piper Verlag das Gesamtwerk des phänomenalen »Gesamtkunstwerkes« Karl Valentin, dessen fatal-vertrackte Irrläufe im sprach- und seinslogischen Labyrinth des 20. Jahrhunderts längst in einem Atemzug mit dem absurden Theater Ionescos und Becketts, mit dem Sprachskeptizismus Wittgensteins genannt werden. Valentins Arbeiten, die in ihrer sprachlichen Ausgestaltung oft vom kleinsten Detail leben, sollen hier so präsentiert werden, daß dem interessierten Leser ein verläßlicher Text und dem Wissenschaftler eine über jeden Zweifel erhabene Arbeitsgrundlage zur Verfügung steht. Die achtbändige Ausgabe wird alle Werke und Arbeiten Valentins, auch die nur als Film- oder Tonaufnahmen existierenden, in die Textkonstitution aufnehmen und in einem kritischen Apparat ausweisen. Ausführliche Sachkommentare erschließen darüber hinaus Zusammenhänge im Werk Valentins, die bislang nur fachwissenschaftlich diskutiert wurden.

Karl Valentin

Die alten Rittersleut

Szenen und Couplets. 128 Seiten. SP 2027

Ich hätt geküßt die Spur von Deinem Tritt

Musikclownerien. Herausgegeben und mit einem Nachwort von Karl Riha. 189 Seiten mit 21 Abbildungen und Faksimiles. SP 863

I sag gar nix. Dös wird man doch noch sagen dürfen!

Politische Sketche. Herausgegeben von Helmut Bachmaier. 121 Seiten. SP 1783

Daß Karl Valentins Komik nicht auf blindes Einverständnis mit dem Publikum und der Gesellschaft im ganzen aus war, sondern zumeist gezielt subversiv sich gegen die herrschende (Un-)Ordnung richtete, belegen aufs schlagendste seine politischen Sketche und Couplets, deren beste in dieser Ausgabe versammelt sind. Sie machen deutlich, daß der große Komiker zu allen wichtigen politischen Fragen – nicht nur seiner Zeit – satirische Kommentare abgegeben hat – als Skeptiker und absurder Komödiant, für den jeder Witz auch eine Form des Widerstands war.

Die Jugendstreiche des Knaben Karl

Herausgegeben von Bertl Valentin-Böheim. 116 Seiten mit 70 Zeichnungen von Ludwig Greiner. SP 458

Klagelied einer Wirtshaussemmel

Mit einem Liebesbrief von Hanna Schygulla. 128 Seiten. SP 995

Das »Klagelied einer Wirtshaussemmel« ist einer der zahlreichen Texte (Monologe, Dialoge, Couplets und Szenen) dieses Bandes, in denen Karl Valentin seine ganze abgründig-surreale Logik entfaltet.

Karl Valentins Filme

Alle 29 Filme, 12 Fragmente, 344 Bilder, Texte, Filmographie. Herausgegeben von Michael Schulte und Peter Syr. Mit einem Nachwort von Helmut Bachmaier. 225 Seiten. SP 996

Karl Valentin hat sich selbst als Film-Avantgardist begriffen. Bei diesem vielfältig begabten Künster sind der körperliche Ausdruck und die optische Inszenierung für seine Komik ebenso typisch wie das Anrennen gegen die Grenzen der Sprache.

Das Valentin-Buch

Von und über Karl Valentin in Texten und Bildern. Herausgegeben von Michael Schulte. 535 Seiten mit 111 Abbildungen und Faksimiles. SP 370

»Karl Valentin war ein großer Komiker, ein begnadeter Humorist, einmalig in seiner Skurrilität.«

Lore Lorentz in der »Welt am Sonntag«

Şinasi Dikmen

Hurra, ich lebe in Deutschland

Satiren. Mit einem Vorwort von Dieter Hildebrandt. 169 Seiten. SP 2159

Die Geschichten von Şinasi Dikmen erzählen von den Freuden des Alltags, die unseren türkischen Mitbürgern hierzulande beschert werden: von der erbarmungslosen Großzügigkeit, mit der sie die abgelegte Kleidung einheimischer Familien gespendet bekommen, von den beglückenden Erfahrungen im interkulturellen Umgang mit den vielen Deutschen, die alle Fremden so sehr lieben, daß sie ihnen ihr Bestes, also ihr deutsches Wesen, selbstlos und unermüdlich aufdrängen.

Walpurga, die taufrische Amme

Parodien und Travestien von Homer bis Handke. Herausgegeben von Theodor Verweyen und Gunther Witting. 500 Seiten. SP 906

Diese umfassende Anthologie versammelt die schönsten, die witzigsten, die frechsten Parodien der Literaturgeschichte. Hier liegt ein Standardwerk vor für den Fachmann und zugleich eine unerschöpfliche Fundgrube für den Liebhaber.

Wild auf Erfolg!

Das Karrierebuch. Herausgegeben von Franziska Polanski. 139 Seiten. SP 1337

Auf den Karriereleitern der Ellenbogengesellschaft sind kumulative Nervenzusammenbrüche ebenso an der Tagesordnung wie schwere Erfrierungen, wenn wieder einmal einer versucht hat, eiskalt zu bleiben. Dem gegenzuwirken mit Hilfe der satirisch gespitzten Feder hat sich dieser nützliche Ratgeber vorgenommen – über den Erfolg und vor allem über die, die ihn so über alle Maßen brauchen, lassen sich in diesem Band Satiriker von Karl Valentin bis Gerhard Polt aus. Und Zeichner von Wilhelm Busch bis Gary Larson rücken den Katechismus der Leistungsgesellschaft ins rechte Bild.

Joachim Schwedhelm

Wen die Standuhr schlägt

Ein satirisches Stundenbuch. 189 Seiten. SP 1586

Zwischen Nonsens und Satire, zwischen Limerick und Moritat bewegen sich Texte, die Joachim Schwedhelm in den letzten Jahren in vielen großen Zeitungen und Illustrierten publiziert und hier in Form eines humoristischen Stundenbuches für alle möglichen Lebenslagen gesammelt hat.

Otto Schenk (Hg.)

Sachen zum Lachen

Ein Lesebuch. 224 Seiten.
SP 2143

Erst als Vortragsprogramm, dann als Video-Kassette, schließlich als Buch: Otto Schenks »Sachen zum Lachen« werden in jeder Form zu einem riesigen Publikumserfolg. Das liegt (neben dem grandiosen Vortrag natürlich) vor allem auch an der Qualität der ausgewählten Texte, die ausnahmslos zu den Meisterwerken der humoristischen Literatur, selbstverständlich speziell der wienerischen, gehören. Peter Altenberg und Alfred Polgar, Roda Roda, Egon Friedell, Robert Neumann und der große Karl Kraus vertreten diese Spielart der »Sachen zum Lachen«. Aber Goethe und Schiller, die großen Klassiker, sind ebenso präsent wie die Spötter Heinrich Heine, Wilhelm Busch und Kurt Tucholsky.

»Wem dieses Buch nicht mindestens ein Schmunzeln entlockt«, meinte der »Münchner Merkur«, »bei dem ist Hopfen und Malz verloren.«

Lust am Lachen

Ein Lesebuch. Herausgegeben von Uwe Heldt. 406 Seiten.
SP 1170

Den verschiedenen Spielformen, das Zwerchfell zu erschüttern, will dieses Lesebuch nachspüren, und dabei versuchen, allen Varianten des Lachens gerecht zu werden – neben dem donnerhallend-schenkelklopfenden also auch und vor allem jenem Gelächter, zu dem die Literatur einlädt: eher leise, aber lange wirksam mit List und Raffinesse angezettelt.

Lust am Weiterlachen

Ein Lesebuch. Herausgegeben von Uwe Heldt. 317 Seiten.
SP 1750

Auf den erfolgreichen Band »Lust am Lachen« folgt mit unerbittlicher Logik die Sammlung »Lust am Weiterlachen«, die wiederum Meisterstücke des literarischen Humors in der Farbskala von grell bis schwarz versammelt.

Neben so würdigen Gestalten wie Christoph Martin Wieland, Karl Immermann und Thomas Mann können natürlich auch jüngere Scherzakrobaten wie Axel Hacke, die Beatles oder Woody Allen ihre Kapriolen schlagen.

Ein Buch, das nirgends fehlen sollte, wo man den Ernst der Lage erkannt hat.

3.– €